60歳からはやりたい放題

和田秀樹
Hideki Wada

まえがき

歳を取れば取るほどに、将来に対する不安から「食事や嗜好品、お金などを節制して、老後に備えなければならない」と考える日本人が、非常に多いように感じます。

でも、その考えには真っ向から反対です。むしろ60代からは「やりたい放題」に生きることこそが、若々しさを保ち、頭の回転も鈍らせないための秘訣だからです。

そもそも、なぜ日本人はこんなにも老後に不安を抱くのでしょうか。その一因は、日本人は、世界で有数の不安が強い人々だからです。常々、そう感じています。

「こうなったらどうしよう」「こんなことが起きたらどうしよう」とまだ起こっていない未来について、多くの人が不安を抱えています。しかし、不安を抱いてはいるものの、「不安に感じている事態が起きてしまったときに、どのような対策が取れるのか」という対処法にまで考えが及んでいる人は少ないように見受けられます。大切なのは、不安に感じていることが実際に起きてしまったときの具体策をきちんと考えておくことです。

たとえば、「将来、自分がガンになったらどうしよう」と不安を抱いている人は、ガンになった場合、治療してほしい病院や医師、治療法、治療費、最悪の場合はどんな処置を望むのかといった点を考えておくべきでしょう。そうすれば、ガンに対する不安が多少は軽減するはずです。

中年を過ぎ、前期高齢者と呼ばれる65歳前後から、多くの人が抱く不安は「老い」に対するものです。老いを避けることは誰にもできません。老いとどうしたら上手に付き合えるのかを知る「心の老い支度」をするだけで、不安な気持ちがぐっと楽になるように思います。

1988年から浴風会という高齢者専門の総合病院に勤務して以来、私は約35年間にわたって、精神科医として6000人以上の高齢者と向き合ってきました。高齢者医療の分野において、日本でも有数といえるほど多くの患者さんと接してきたと自負しています。数多くの高齢者の方々と接するなかで、老いとは、対処法次第で随分と変わっていくものだと確信しています。一言で「高齢者」といっても、その様子は実に千差万別です。60代で老け込んでいる人もいれば、90代でも見た目も言動も若々しい人もいます。なぜこうも人によって老いの速度や質に差が生まれるのでしょうか。

どのような人は老化が目立たず、どのような人は老化が進みやすいのかについて、個人的な興味も含めて、長年観察や研究を続けてきました。私自身、還暦を過ぎ、老年といわれる年代に近づくなか、「老いと上手に付き合い、受け止める方法を知りたい」との想いはますます強まっています。様々な研究資料に触れ、臨床の現場で得た知見からたどり着いた一つの結論は、現代に流布する予防医学やダイエット、我慢を強いる自律型の健康法は老化を早めてしまうということでした。

たとえば、過去に老化予防の一環としてメタボ検診がもてはやされ、「痩せ型こそ健康的だ」とダイエットを強いる風潮もありました。ところが、最新の調査では、痩せ型の人よりも小太り体形の人のほうが6~8年は長生きすることが明らかになっています。「痩せなければ」と我慢をしすぎるよりも、少し余裕をもって好きなものを楽しむ人生のほうが長生きできるのです。

体の老化に加えて恐ろしいのが、「心の老化」です。「もう高齢だから」と自分に我慢を強いて、様々なチャレンジをやめてしまうと、感情の動きが失われます。すると、脳は老化の一途を辿り、外見も老け込み、人によってはうつ病になってしまうことがあります。

このように自分の体に起こりうる変化を知り、その対処法を考えておくだけで、不安は緩和できます。60代は老いの入り口に差しかかった、高齢者の新人のようなもの。まだ、〝若い〟うちに知識を蓄えておくことで、将来に対する恐れは減っていくでしょう。また、老化を遅らせる数々の対処法のなかには、自分の体や社会的地位に大きな変化が出始める60代から始めておいたほうがいいこともあります。ですので、70代、80代になってゼロの状態から老いについて学ぶよりも、まだ若くて体力も柔軟性もある60代から、徐々に老いについて知っていくことが、私は一番望ましいと考えています。

「心」、「体」、「環境」が激変する60代が第2の人生を楽しむためのターニングポイントです。変化に対する正しい対応策を知ることで、必要以上に将来を怖がらず、みなさんが自分の生きたいように生きられることを心から願っております。

目次

第2章 好物を食べれば脳も体も健康に！……33

第5章 「認知症、うつ病、ガン」を怖がりすぎない

第7章 お金を使うほど幸福感は高まる

第1章

60代以降は「嫌なことはやらない」

「起こっていないこと」への不安が強い日本人

日本人は予期不安と呼ばれる「起こっていないこと」への不安を抱きがちです。しかし、多くの日本人は、不安を抱いているのに何も対策を取らない。その結果、余計に不安が高まってしまうのです。

では、この悪循環を断ち切るにはどうしたらいいのでしょうか。それは、「最悪の事態」を想定しておくことです。

不安が的中した場合、どのくらいの被害が起こるのか。自分はどんな対策を取れるのかを想定しておくことが重要です。

「認知症になったらどうしよう」と心配するなら、いざ自分が認知症になったらどんな対処法を取れるのか。ガンにしてもかかりたい病院や医師、また余命が短い場合の対処の仕方なども考えておくのです。

日本人が不安体質でありながらも、その対処法を取らずに不安を放置して事態が悪化してしまっていることは多々あります。

その最たる例の一つは、小中学校のいじめ対策でしょう。いじめは、何人かの人間が集まれば、必ず起こってしまうといっていいものです。本来、教育現場が考えるべきは、いじめが起こったときに子どもたちを守る対処法です。

それにもかかわらず、日本の教育現場では、「いじめをなくそう」という意識ばかりが強く、ほとんど対処法を考えていません。現場の先生方の間では「いじめが起こったらどうしよう」という不安が高まるものの、いじめが起きたときの対処法を知らされていないので、「なかったこと」にするしかありません。結果、大事件になるまで、いじめを放置してしまうのでしょう。

２０１１年の東日本大震災のときに起きた福島第一原子力発電所事故も同様です。福島の原発事故は、原発が津波に侵された場合のマニュアルがなかったからこそ、大惨事へと発展してしまったのです。

このように日本人は、「起こってほしくないこと」を、「起こらないこと」として片づけてしまう傾向があり、その結果、不安を放置しているがゆえに起こる最悪の事態が、頻繁に起こってしまっているのは事実です。

不安の正しい活かし方とは？

これからの人生で起きるかもしれない災難を不安に思うのは、人の生存本能として自然な感覚だと思います。不安に思うのであれば、「正しく怖がること」が大切です。

正しく怖がる上で、重要な指標となるのが「確率」です。

たとえば、「飛行機事故が怖いから飛行機には乗れない」という人がたまにいますが、米国家運輸安全委員会（NTSB）の調査によれば、航空機の事故で死亡する確率は0・0009％。つまり10万分の1程度です。一方、自動車による死亡事故が起こる確率は0・33％といわれています。300分の1の割合で起きているので、自動車のほうがよほど危ないということがわかります。

この数字を知っていると、「普段から自動車に乗っているのに、飛行機事故で怖がっているのは、あまり意味がないのかもしれない」と気がつき、余計な不安が消え去るかもしれません。

２０２０年以降は新型コロナウイルス感染症による社会不安が高まりましたが、２０２０年の時点で、新型コロナウイルスに罹患《りかん》して死ぬ確率は、お風呂で死ぬ確率の半分ほどでした。

それにもかかわらず、「コロナにかかるのが怖いから、外出自粛をしてください」と呼びかけられてうのみにするのは、「お風呂でおぼれて死ぬのが怖いから、お風呂には入らないでください」と言われて入浴をやめるのと同じようなものです。

老いへの不安も同様です。たとえば、85歳の時点で認知症になる確率は４割ほど。また、60歳以上がガン検診を受けた場合、50％くらいの確率でガンが見つかります。そう考えると、60代以上が本来怖がるべきは、「コロナにかかって死ぬこと」よりは、「自分がガンになって死ぬこと」ではないでしょうか。

認知症やガンのように、今後の人生で起こる確率が高いであろう出来事に対しては、事前に知識を得て、予防や対策を講じておくこと。それが、不安の正しい活かし方だと私は思います。

『サザエさん』の磯野波平が54歳である衝撃

アンチエイジングや健康情報がたくさん飛び交う現代、現代人の外見は大きく変わりました。外見だけでいえば、数十年前に比べると日本人の外見は圧倒的に若返っていると感じます。

たとえば、漫画『サザエさん』（朝日新聞出版）に登場するサザエの父親・磯野波平は、原作では54歳の設定です。現代の私達から見ると、まるで初老の男性のように見える波平ですが、おそらく昭和の時代に54歳の男性といえば、彼のような風体が一般的だったのでしょう。

しかし、２０２２年時点で、54歳といえば、織田裕二さんや天海祐希さんなどが同級生になります。織田さんも天海さんも54歳とは思えないほどお若いですが、現代人にとっては、織田さんや天海さんが54歳であることより、むしろ「波平が54歳」であるという事実に驚くのではないでしょうか。それほどまでに、現代人の見た目は若返っているのです。

この数十年での日本人の生活様式や日常の環境の変化が、日本人に多大なアンチエイジング効果をもたらしているのではないかと思います。

60代に起きる環境や体の変化を知っておく

ただ、見た目が昔よりも若返る一方で、心では昔と変わらず様々な老化現象が起きます。その一つが心の病気です。実は高齢になるほど、心の病気にはかかりやすくなります。

65歳以下の場合はうつ病にかかる割合は３％ほどだといわれていますが、65歳を超えると５％にアップします。その理由の一つは、年齢とともに心を安定させる「セロトニン」という神経伝達物質が減少するからです。つまり、60代になったら、20人に１人の割合でうつになる可能性を覚悟する必要があります。

60代以降は、身体的な理由だけではなく社会的な変化も生まれます。

多くの人は60歳、もしくは65歳で定年を迎え、会社という居場所がなくなります。

この先、「70歳定年」が定着するのではともいわれていますが、60代になると嘱託社員などになり待遇が変わることも多いため、一部のエリート管理職や役員の候補以外は、50代までとは働く環境も大きく変わるにちがいありません。

また、60代は、子どもが成長して親元を離れていく人も多いと思います。これも一つの喪失体験でしょう。

さらに60代で直面するのが、親の介護です。昔は60代の時点で親が亡くなっていることが多かったものの、医学の進歩により、現代では60代ぐらいから80代、90代の親の介護が始まることも多々あります。こうした介護の負担が、60代以降も続くことが、メンタルや体に良くない影響を与えることもあります。

このように60代くらいから、体や環境には大きな変化が生まれるため、心に不安や疲れがたまり、「最近、物忘れが増えた」「急に気分が憂鬱《ゆううつ》になる」「よく眠れない」といった諸症状が現れ、ついにはうつ病になってしまいます。

60代になると心の問題が起こりやすくなると知っている人は、冷静に対処できるでしょうが、その知識を知らずに症状が現れると、多くの人はパニックになって、事態が悪化することも多いです。

だからこそ、「年を取るにつれて、心身に変化が起こるのは当たり前のことだ」と知っておくだけで、これまでなかった変化にも冷静に対処できます。

60代以降、注意したいのは「感情の制御」

そのほか、年齢を重ねた末に起こりやすい代表的な現象として、覚えておきたいのは「怒りのコントロールが悪くなる」ことです。

この変化には、脳にある前頭葉という部位が大きくかかわっています。

「大脳皮質」と呼ばれる人間の脳の表面のうち、41％を占めるのが前頭葉と呼ばれる部位です。あらゆる生物のなかで、ここまで前頭葉が発達しているのは人間だけです。

そのため、様々な「人間らしい機能」を担う部位ともいえるのです。

前頭葉は、人間の脳の中で最も早く老化が始まる部位であり、早い人の場合は40代から萎縮が目立ち始めます。すると、明らかに意欲や創造性が減っていきます。

50代、60代になると、本格的に前頭葉の機能が落ちていきますが、その結果、衰えやすいのが、感情を制御する能力です。

60代くらいから、急に怒り出すという人が増えるのは、前頭葉の萎縮によって感情の抑制ができなくなってしまうからです。

また、この時期には「性格の先鋭化」と呼ばれる現象も起こります。これは、怒りっぽい人がより怒りっぽくなったり、疑い深い人がより疑い深くなったり、頑固な人がもっと偏屈になったり、優しい人がより優しくなったりする現象です。

よくいわれる「キレる高齢者」「困った老人問題」は、この性格の先鋭化が原因となっているものも多いでしょう。

加齢で適応能力も低下していく

前頭葉が衰えることで、感情のコントロールや意欲、創造性が低下するだけではなく、新しい情報や考え方に対する柔軟性が失われていく傾向もあります。

年齢を重ねると、つい保守的な行動をとりがちになります。たとえば、「昔からってきたやり方を変えられない」「住み慣れた場所から離れて、別の場所に行くのが憂鬱」「いつも食べている料理以外のものに挑戦するのが億劫《おっくう》」など、新しい挑戦を大きな負担に感じてしまうのです。

若手社員からのアイデアを年配の社員が「そんなんじゃうまくいくわけない」「そのやり方では通用しない」などと頭ごなしに否定したりするのは、こうした柔軟性の欠如がもたらす現象ではないかと私は思います。

政治の主義主張などにしても、中年くらいまでは極左だった人が極右に主義を変更する、もしくはその逆も起こりえますが、60代以降になって前頭葉が本格的に衰えてきた頃であれば、そうした主義主張が極端に変わることはあまり起こりません。

60代以降でも脳は鍛えられる

さて、ここまで60代の脳に起こる現象の一部をご紹介してきました。

性格が怒りっぽくなったり、柔軟性や適応能力が失われたり……という事実を知って、気分が落ち込んでしまった方もいるかもしれません。

でも、心配はいりません。

前頭葉は加齢によって縮むにしても、60代から生活習慣を見直していくだけで、機能の低下を遅らせることは可能だからです。

今の時代は、若い人ほど前例踏襲しがちな事なかれ主義となる傾向が強く、20代からすでに創造性や意欲をなくしてしまっている人がたくさんいる一方で、80歳を過ぎても意欲にあふれて、大活躍する人がたくさんいます。

55歳にして「ファミリーコンピュータ」の開発を指示、61歳にして「ゲームボーイ」の発売を推し進めて大ヒットさせた任天堂元社長の山内溥さんも、前頭葉を使い続けた経営者のひとりでしょう。

また、84歳で亡くなるまで『ゴルゴ13』の執筆を続けた漫画家さいとう・たかをさんのように、80代になってもクリエイティビティを失わずに活動し続けたクリエーターもいます。

そのほか、経営学者のピーター・ドラッカーやノーベル賞を受賞した小柴昌俊さんなど、80代、90代になっても人前に出て、立派に活躍された人もいます。こうした方々を見ると、使い続けることで頭のレベルを保てることがわかります。

浴風会に勤務していた際、相当な高齢なのに常にアクティブで若手に慕われている某現役政治家の脳のCT画像を見たことがあります。その方の前頭葉自体は「認知症なのでは」と思うレベルで萎縮していましたが、逆に考えると、脳が萎縮していても使い続ければ脳の機能は衰えないのだという大きな根拠を得たと感じました。

身体能力も使い続けることが大切

年とともに衰えるのは脳だけではありません。いかに見た目が若くとも、身体機能や体力は年々衰えていきます。

体力を示す指標の一つが、単位時間あたりに組織が酸素を取り込む最大量を示す「最大酸素摂取量」です。もっとわかりやすくいうと、呼吸で取り入れた酸素が、炭水化物や脂肪を燃焼させ、エネルギーとして取り出す能力を表しています。

この数値は、20代から80代にかけて減っていきます。しかし、これにしても毎日トレーニングを続ければ、80代になっても最大酸素摂取量を20~30代の人と同レベルに保つことができます。「自分はこれまで運動してこなかったから、今から体力をつけるなんて無理だ」と思い込んでいる人であっても、60代からトレーニングを始めるのは決して遅くはありません。つまり、人間の体は使い続けることで、高いレベルを維持することができるのです。

実際、「ねんりんピック」のような高齢者のスポーツ大会を見ると、多くの60代、70代が好成績をあげています。この「使い続けることが大切」という考え方は、60代以降の人が生きる上で、忘れないでほしいマインドの一つです。

60代以降のほうが、個人の差が大きく開く

60代以降は、体も脳も使わなければ衰えてしまいます。だからこそ、60代から使い

続けた人と使わずに放置していた人とでは、10年、20年経過した際の差は歴然です。

若い頃であれば、50メートル走を走っても、一番早い人で6秒ほど。一番遅い人でも15秒くらいだったと思いますが、60代、70代くらいになると若い人と同じように6秒台で走れる人もいれば、もはや歩くことすらできない人も出てきます。歳を取れば取るほど、「老いと上手に付き合ってきた人」と「付き合ってこなかった人」の間の個人差が大きくなるのです。

２０６０年には、日本国民の約２・５人に１人が65歳以上の高齢者になると予測されています。つまり、社会で高齢者が占める割合が非常に高くなっていきます。そのなかで、個人の身体能力や脳機能が大きく多様化していくので、今後の社会では大きな「健康格差」が問題になるでしょう。自分がどの立ち位置に置かれるのかは、60代以降の人生の歩み方が大きく左右するのではないかと私は考えています。

日本には長生きの専門家がいない

本書では、通説や定説とは違う様々な説を取り上げて、老いについて考えていきます。なかには「でも、先日、私の主治医がこう言っていた」「テレビに出ていたお医者さんが言っていたことと違う」と思われるものもあるかもしれません。

医師でありながらこんなことをお伝えするのはおかしな話ですが、医師の言うことに従っていても、長生きはできません。また、老いたときに幸せに生きられるとも限りません。

なぜなら、日本には長生きを専門とする医師はいないからです。

日本の医療は、基本的には各臓器の「専門家」の集まりであって、高齢者の症状を広く研究している人がほとんどいないのです。そのため、自分の専門以外の知識を持ち合わせていないし、専門外の病気や臓器に及ぶ影響についてまで複合的に考えられる人は、非常に少ないのが実情です。

たとえば、心臓のスペシャリストの言い分だけを聞けば、心臓自体はよくなるかもしれませんが、ほかの臓器や身体機能に影響が出て、体を壊してしまった……という事例もよく聞きます。

また、医師の平均寿命は一般の人よりも低いといわれています。それは、医師の言うことをうのみにしていても、長生きはできないことの証明です。みなさんが本書の情報をどのようにとらえるかは、ぜひ読み進めていただいて、ご判断いただければと思います。

「嫌なことはやらない」のが、60代以降の鉄則

もう一つ、声を大にして言いたいのが、「60代以降は我慢しない」ということです。

新型コロナウイルス感染症の際にも、感染した人と感染しなかった人の差についてよく語られることがありました。その要因の一つとして挙がったのが「免疫力」です。

免疫機能が高い人は、病気やストレスなどにも強く、より健康に生きられます。これは、数々の研究を見ても間違いないでしょう。

では、免疫機能を高めるためにはどうしたらいいのでしょうか。それは、できるだけストレスをなくして「思いっきり人生を楽しむこと」です。ストレスが多い人ほど、免疫力が下がってしまうもの。嫌なことはなるべくやらず、楽しいことを優先する。それを、60代以降の人生の指針にするべきでしょう。

日本人は「節制や我慢が美徳」と考える人が多く、過剰なまでに自分の欲や娯楽を制限してしまう傾向があります。若い頃はたしかにそれがプラスに働くケースもあるかもしれませんが、60代以降はマイナスになることがほとんどです。

次章以降では、60代以降に実践していただきたい食や生活習慣、病気やお金との向き合い方についてご紹介していきます。ご自身にとってストレスなく取り入れられるものや「これは実践したい」と思うものだけでかまいませんので、ぜひ、ご自身の生活で実践してもらえればうれしいです。

第2章

好物を食べれば
脳も体も健康に！

小太りの人のほうが長生きする

歳を重ねると代謝が下がり、体が重くなりがちです。若い頃に比べて、体重が増え、日々ダイエットに余念がないという人も少なくないでしょう。

なぜ60代以降の人がダイエットをするのか。その要因の一つは、数十年前から盛んにいわれるようになった「メタボを避けろ」というスローガンにあります。「メタボ」とは、メタボリック・シンドロームの略で、内臓脂肪の蓄積によって、肥満症や高血圧、糖尿病などの病気を引き起こしやすくなることを意味します。2008年からは、メタボかどうかを診断する特定健康診査や特定保健指導がスタートしました。

内臓脂肪を過剰に蓄えるのはもちろん健康にはマイナスかもしれません。しかし、それ以上にメタボへの反動で「痩せなければ」と過度に考える中高年が増えることは問題だと、私は感じています。

なぜなら60代以降のダイエットは、決して健康には直結しないからです。

「メタボ」と同時に、中高年の健康管理の指標の一つとして定着しているのが「BM

I」です。BMIは「体重（kg）÷身長（m）の二乗」で導き出される数値です。多くの場合、BMIの数値が、WHO（世界保健機関）による「普通」の基準となる18・5〜25の間に収まるのが健康だと考えられています。

しかし、いざ統計データを見てみると、実はBMI25を超えた人のほうが、長生きする傾向があります。

２００９年に日本で発表された研究結果では、40歳時点の平均余命が最も長かったのは、男女ともにBMI25〜30の人でした。一方、最も平均余命が短かったのは、BMI18・5未満の人でした。両者の間の平均余命を比較すると、男女ともにBMIが高い人のほうが7年ほど長生きすることがわかっています。２００６年にアメリカで行われた国民健康栄養調査でも、最も長生きなのはBMI25〜29・9です。これは日本では、「太り気味」とみなされる値です。一方、「痩せ型」とされる18・5未満の死亡率は、その2・5倍も高いという結果に。

中高年の場合、若い頃に比べると、代謝が落ちて脂肪がつくのは当たり前のこと。多少太ったとしても、それは自然なことだし、むしろ統計的には長生きする確率が高まります。もちろん、肥満といってもあくまで「小太り」程度がよいのであって、明らかな太りすぎは心筋梗塞などを引き起こす可能性があるので、体に悪いのは間違いありません。BMIが35以上の高度肥満と呼ばれる人々の場合は、体重を落とすべきでしょう。ただ、そこまでいかない「小太り」くらいの人のほうが、長生きはするのです。ですから、過激なダイエットをして「痩せないとダメだ」と強迫観念に駆られる必要はまったくないのです。

実際に私が診療する方々を見ても、60代以降の人は、少しぽっちゃりしたくらいの人のほうが、肌ツヤもよく、活動的です。痩せている人はしわなども目立ち、少しやつれた印象を受けます。無理なダイエットによって低栄養の状態にさらされることのほうが、ずっと健康にはマイナスになるのだと心してください。

「肉を食べすぎてはいけない」にだまされるな

年齢を重ねるほどコレステロールが高まる「肉食」を避けるべきとする考え方があ

ります。しかし、私はこれにも大きく反対します。反対する理由をご説明する上で、ここ十数年、世間に流布する「肉を食べすぎてはいけない」というキャンペーンが、どこからきたかを検証するところからスタートしましょう。このキャンペーンが始まったのは、日本ではなくアメリカです。アメリカでは、心臓の動脈硬化が原因の心筋梗塞が多く国民病といわれてきました。アメリカは日本の何倍もの肉食文化が根付いているので、肉を食べる量を減らすことで、肥満が減り、また動脈硬化も遅らせ、ひいては心筋梗塞も減るので、平均寿命が一気に伸びます。だからこそ、「できるだけ肉を減らして、心筋梗塞を減らそう」とする動きが生じたのです。

ただ、同じことを日本人がやっても意味があるのかというと、はなはだ疑問が残ります。日本人の食生活が欧米化していることは間違いありませんが、肉を食べる量ひとつ見ても、日本人と欧米人でその量は大きく変わります。死因にしても、日本人の三大死因はガン、心疾患、脳血管疾患。それぞれの割合は、ガンが31％、心疾患は15％、脳血管疾患が14％といわれています。ガンで死ぬ人が心筋梗塞で死ぬ人の12倍います。心筋梗塞で死亡する人の割合が欧米に比べると少ない状態で肉食をやめたところで、それほど影響があるとは思えないのです。

60代以降の日本人にとって、肉食はむしろ様々なメリットがあります。

まず、高齢になると、気力の落ち込みや意欲の低下が進む傾向にあります。その理由の一つは、たんぱく質不足だと私は考えています。人間の精神状態を安定的に保つために大切なのが、セロトニンという「幸せホルモン」です。セロトニンが正常に分泌されていると、意欲が高まり、不安が弱まり、前向きな日々を送ることができます。でも、セロトニンは年齢とともに少しずつ減少していくので、本来は年齢を重ねるほどセロトニンが増える習慣を増やすべきなのに、日本ではその対策がなされていません。

では、どうしたらセロトニンを増やすことができるのでしょうか。

おすすめしたいのが、しっかりとたんぱく質を摂ることです。セロトニンの原料は、トリプトファンというアミノ酸の一種です。このトリプトファンは豆や乳製品、肉や魚などのたんぱく質に多く含まれています。肉はコレステロールを多く含み、動脈硬化や心筋梗塞の原因になるので健康でいたいなら食べないほうがよいといわれることも多いのですが、食が細くなる60代以降の人がセロトニンを増やすために肉を食べるのは、非常に理にかなっていると私は思います。

実際、80歳にして3回目のエベレスト登頂に成功した登山家の三浦雄一郎さんは、５００グラムのステーキをぺろりと完食するなど、積極的に肉を食べているそうです。三浦さんの例は特殊かもしれませんが、一度はだまされたと思って、肉をしっかり食べて、気分の変化を観察してみてください。

コレステロールも、肉とともに健康を阻害する「悪者」として知られています。ただ、コレステロールが本当に悪者なのか、いまだによくわかっていません。

かつて東京都老人総合研究所が、長寿者が多い東京都小金井市の70歳の高齢者を対象に追跡調査を行った「小金井研究」で、コレステロール値と死亡率の関係性を調べたところ、死亡率が最も高かったのはコレステロール値が１６９未満のグループでした。反対に最も長生きするのは、男性は２１９まで、女性は２２０～２４９の正常よりもコレステロール値が高めのグループでした。

また、別のハワイの研究では、コレステロール値が高い人ほど、心筋梗塞などの虚血性心疾患は増えるものの、ガンになりにくいという調査結果が出ています。実際、肉食が当たり前になっている欧米諸国では、死因のトップが虚血性心疾患であり、ガンは少ない傾向にあります。

先ほど、日本人の三大死因はガン、心疾患、脳血管疾患とお伝えしましたが、今の日本では、ステントやバルーンで冠動脈を広げたり、バイパス手術などの技術が大幅に進歩した結果、心筋梗塞は「死ななくてよい病気」になりつつあります。そう考えると、日本人の場合は、肉食でコレステロール値を高めたほうがガン予防になるので、よいのではないでしょうか。

うつ病などについても、コレステロール値が低いグループのほうがかかりやすいという調査データがあります。コレステロールには、脳へセロトニンを運ぶ役目があるため、血中に一定のコレステロール濃度が保たれていないと、セロトニンがうまく運ばれず、脳が機能しません。実際にたくさんの高齢のうつ病患者を診断してきて思うのが、コレステロール値が高い人のほうがうつからの回復が早く、低い人はうつの回復が遅いということです。

こうした事情を見ていくと、かならずしもコレステロール値が低いほうが幸せとはいえないように思います。

脂肪がないと「脂肪」は燃えない

食生活において、「脂肪」も健康の大敵だと考えられがちです。

でも、脂肪には様々な役割があるので、「脂肪は体に悪いから」といって脂肪を完全に絶ってしまうと不都合も生じます。

たとえば、脂肪には脂肪を燃焼する作用があるので、脂肪を完全に絶ってしまうと、体内の脂肪が燃やせず、摂取した脂肪を蓄積する一方です。

また、油を完全に抜いた食生活を続けると、細胞の中に含まれる脂肪に油が十分にいきわたらず、細胞が油切れして干からびてしまいます。実際、油抜きダイエットを行うとやつれて若々しさのない不健康な容姿になることもあります。

さらに、脂肪は料理を楽しむ上で重要な調味料です。油抜きの料理だと味気ないものになりがちで、心から楽しめません。

脂肪の摂りすぎはもちろんよくありませんが、適度に脂肪を摂ることは、体にとってても心にとってても必要なことです。

では、脂肪を摂る上で、どんなことに気を付けるべきなのでしょうか。

最大のポイントは、脂肪をすべていっしょくたに考えるのではなく、「良い脂肪」と「悪い脂肪」を見極めることです。昨今は良い脂肪と悪い脂肪があることが広く知られつつあります。まず、良い脂肪の代表格といえば、「不飽和脂肪酸」でできているものです。食品に含まれる脂肪の主成分となる脂肪酸は、飽和脂肪酸と不飽和脂肪酸の大きく2種類に分けられます。飽和脂肪酸を多く含む食材として知られるのが、バターやラードなどの動物性脂肪で、飽和脂肪酸は固まりやすいという特性がありま す。そして、不飽和脂肪酸を多く含むのが、オリーブオイルやサラダ油などの植物性脂肪や魚の脂肪です。これらは固まりにくい上、脂肪を燃やす作用があるとされています。

パンに塗るときはバターではなくオリーブオイルにする。ステーキを焼くときは、牛脂ではなく植物性の油に変更するなど、脂肪を摂るときはできるだけ良い脂肪を率先して摂るように心がけるだけで、料理を楽しみつつ、健康も維持することができます。

一方の「悪い脂肪」の代表といえば、「トランス脂肪酸」を含むものでしょう。

数十年前までは「バターは動物性脂肪だから体に悪い。マーガリンは植物性脂肪だから体に良い」と考えられてきましたが、昨今では、マーガリンに含まれているトランス脂肪酸は、動脈硬化を引き起こすことがわかってきています。トランス脂肪酸は、マーガリンのみならず、マヨネーズやアイスクリーム、ドーナツなどのあらゆる加工食品に使われています。たしかに、こうしたトランス脂肪酸のような悪い脂肪はできるだけ避けたほうがいいでしょう。

糖尿病の人のほうがボケやすい？

血中のブドウ糖の濃度を測る「血糖値」。60代以降になると気になる人も増えてきます。

高血糖は体には良くないといわれますし、高血糖が高じて重症の糖尿病になると命にかかわることもあります。一方で、年齢を重ねてからは、低血糖な状態が続いたがゆえに生まれる害も、決して無視すべきではありません。

その最大の弊害は、意識の混濁でしょう。

血糖値が低くなると、脳にブドウ糖が届きにくくなり、意識の混濁や言葉が出なくなるといった認知症のような症状が出ます。

実際に、私のような高齢者専門の精神科医の間では、「糖尿病の人のほうがボケにくい」という定説があるほどです。

浴風会病院の板垣晃之医師が、生前、糖尿病だった人の脳と糖尿病でなかった人の脳を比較する研究をしたところ、糖尿病だった人の脳のアルツハイマー発症率は8・8％だったのに対して、糖尿病でなかった人の脳のアルツハイマー発症率は27・9％だったという研究結果が得られました。ただし、福岡県の久山町で行われた別の調査では逆の結果が出ているので、データのみでは判断しづらい部分はありますが、少なくとも低血糖が高齢者の脳に与える害はあると私は考えます。というのは、浴風会では原則的に糖尿病の治療をしなかったのですが、久山町では全例治療を行っていたからです。しかし、久山町のデータを見て、糖尿病が認知症のリスクファクターと考える医師も大勢います。

「コレステロールは低いほうがよい」との定説と同様、「血糖値は低いほうがよい」という常識は、これから大きく変わっていくのではないかと思います。

塩分不足は命を左右する……

「塩分は血圧が上がるため、高齢になると控える」という人も多いのですが、医師としては2つの点から疑問があります。

まず、血圧の高さが健康や寿命に関与しているかというと、まだわからない点がたくさんあるのです。少なくとも、年齢を重ねたら少し血圧が高いほうが、頭もはっきりすることは事実です。血圧が２００を超えていたらさすがに高いとは思いますが、いわゆる１６０〜１７０前後の高血圧であれば、正直そんなに気にしなくていいと考えます。

もう一つ、ナトリウムは体にとってなくてはならない物質です。

歳を重ねると腎臓のナトリウム貯留能（体にナトリウムをキープしておく力）が落ちます。若い頃であれば塩分を摂らない生活をしていても、腎臓からその代わりにナトリウムを排出しないようにできていたのですが、高齢になると塩分を摂っていなくてもナトリウムを排出してしまうため、低ナトリウム血症を引き起こしやすいのです。塩分の不足で起こる低ナトリウム血症は、重篤な場合は死んでしまい、軽度であっても意識障害の原因になります。高齢で車を運転する人などにとっては、塩分不足は命を左右する危険な問題です。

加齢により、若い頃よりも糖分や塩分を欲する人が多いように感じています。その要因は、動脈硬化に原因があると私は考えています。

さらに、動脈硬化が進む割合が高まり、血管内には脂質などがたまって、壁が厚くなり通り道が狭くなってしまいます。この場合、血圧が少し高めでないと、血液を通じて酸素が脳に運ばれません。同様に、血糖値が多少高くないと、低血糖になり、脳まで糖分がいきわたらないことも起こりえます。

血圧や血糖値が高いほうが、体がよく機能するので、以前よりも甘いものや塩辛を好むようになるのです。塩分と糖分に関しては、節制しすぎると体に悪影響を与えます。ですので、少しばかり多く摂っても気にする必要はないのです。

「食べたいもの」は「体が欲しているもの」

人間がおいしいと感じるもの。それは、甘いものや脂肪分があるもの、うまみ成分（アミノ酸）が含まれているものなどです。

なぜ人間がこのような食べ物をおいしく感じるのか。それは、生物進化の過程で「体に必要なものはおいしく感じるように進化しているから」です。

たとえば、甘いものに多く含まれるブドウ糖がなくなれば、脳が働かなくなり、人間の生命活動は止まってしまいます。そういう意味で、人間の体にとって糖分は最も大切な物質だといえるでしょう。

脂肪は体を動かすエネルギーとして欠かせないですし、細胞膜の生成や修復にも使われています。たんぱく質はアミノ酸に分解され、細胞の原料にもなります。

「今日は肉が食べたい」「今日は甘いものが食べたい」と感じるのは、体がその栄養素を欲しているからこそ。毎回は無理でも、たまには体の声をきちんと聞いて、食べたいものを食べる機会を積極的に設けてほしいものです。

高齢になればなるほど、「粗食であるほうが健康的に生きられる」として、玄米一食にしたり、菜食に切り替えたりする方も少なくありません。たしかに肥満は抑えられるでしょうが、低カロリー、低栄養、低脂肪の食事を続けていると、早く老けるという弊害もあります。

それを踏まえた上で、私は60代以降の方は、好きな食事を好きなように食べるほうが健康には良いのではないかと思っています。食べることは人生における大きな楽しみです。私自身、老人ホームなどで多くの高齢者を見てきて、食を楽しみにしている方を大勢見てきました。

節制しすぎて、食事への興味が失われてしまうと、肉体的にも精神的にも老け込んでしまいます。長生きのためにダイエットを続けていても、気持ちが鬱々としたり、心の病気になったりしてしまうのは、非常にもったいないことです。もちろん毎日ごちそうを食べるような暴飲暴食はおすすめしませんが、おいしいものを食べて、幸せな気持ちになるだけで、前頭葉には良い刺激になります。

また、グルメな人ほど、脳が若々しいのか、いつまでも元気な印象があります。健康のために我慢して好きではない物を食べるよりは、無理のない範囲で自分の好きな物を食べて、脳にも体にもきちんと栄養を与えること。それが、一つのアンチエイジングだと私は思います。

テレビや雑誌ではよく、健康な食生活についての特集が組まれています。

「毎日○○を食べると健康に良い」

「△△を食べ続けたら病気が治った！」

「□□を食べると痩せる！」

いかにも興味がそそられる表現で、ある特定の食材がクローズアップされることがあります。人気のテレビ番組が紹介した食材が、次の日、スーパーマーケットでいきなり品薄になることも珍しくありません。このように、食べ物が健康に与える影響を過大に評価したり、信じたりすることを「フードファディズム」と呼びます。

私自身は、こうしたフードファディズムは健康に対して逆効果であると考えています。年齢を重ねるほど、栄養素には「足りない害」が増えてきます。ある特定の食べ物が健康に良いと聞いてそればかりを食べていると、栄養が偏ってしまいます。外食ばかりでも、なんでも食べる人のほうが長生きすると思います。

コンビニ弁当は体に悪いイメージがありますが、幕の内系などはかなりの種類の食材が食べられる点に関して非常に優れています。自炊で使う食材がせいぜい5～6種類だとすると、自炊よりもコンビニ弁当や、外で食べるラーメンのほうが数多くの食材を使っていて、体に良い可能性が大きいのです。

最近の60代は、コンビニ弁当や外食をすることに、「体に悪いのでは」「自分で作ればよかった」などと罪悪感を抱く人もいるかもしれませんが、疲れて食事の用意をする気力がないとき、コンビニ弁当や外食に頼るのは決して悪いことではありません。

むしろ、「今日はたくさんの食材を食べられてよかった」と思えば、罪悪感も減るのではないでしょうか。

では、日々の生活でどんなものを食べたらいいのでしょうか。

私が敬愛するクロード・ショーシャ博士は、ジャッキー・チェンや後藤久美子などのセレブを何人も顧客に抱えるアンチエイジングの第一人者です。彼が語るアンチエイジング理論には、「タイムリー・ニュートリション」という考え方があります。これは、臓器にはそれぞれ活動している時間と休んでいる時間があるため、活動時間に合わせた食事をすることで、内臓負担や細胞の炎症が減るというものです。

この理論では、朝食と昼食、間食、夕食とそれぞれの時間帯で臓器の活動に合った食事を取ることを推奨しています。

【朝食（7〜9時）】

朝は肝臓が活発になり、脂肪を代謝してたんぱく質の合成が進む時間帯です。そのため、朝食は一日のエネルギーのもとになる脂肪と、新たな細胞の原料となるたんぱく質を摂ることをおすすめします。

たとえば、たんぱく質と脂肪が豊富な卵や魚、鶏肉など。また、エネルギーを燃焼させるためには、少量の炭水化物も必要になるので、ご飯1膳やパン1枚くらいの炭水化物を摂取するのが望ましいです。

できれば、抗酸化物質を含むトマトやパプリカ、ほうれん草などの野菜も一緒に取れるとベストです。

朝はコーヒーとパンなどで済ませる人も多いかもしれませんが、朝は膵臓の動きが活発ではないので、糖分を分解するインスリンの働きが十分ではありません。砂糖を入れたコーヒーや、ジャムをたっぷり塗ったパンのように糖質の多い朝食は、体には負担になります。


【昼（12～14時）】

肝臓がまだ活発に動いている時間帯なので、たんぱく質をしっかり摂ることが重要です。なお、たんぱく質は脂肪を燃焼させるグルカゴンというホルモンの生産にもかかわっています。脂肪を燃焼させたい人ほど、しっかりたんぱく質を摂取するべきでしょう。

なお、一日に摂るべきたんぱく質の量は、赤身肉なら「身長（㎝）＋１００」。白身肉なら「身長（㎝）－40」で計算できます。身長１７０㎝の人であれば、赤身肉ならば１７０＋１００で２７０グラム、白身肉なら１７０－40で１３０グラム取ることができます。

「意外と多い！」とびっくりされるかもしれませんが、この量をできれば一日で朝と昼で分散して食べるのが理想的です。

もう一つ大切なのが、野菜です。特に生野菜はビタミン類や酵素が豊富で、代謝のサイクルを助けてくれます。昼間にサラダをたっぷり食べる際は、オイルにエキストラバージンオリーブオイルを選ぶのがポイントです。

炭水化物も、効率の良いエネルギー代謝を促進してくれるので、適量摂るのが望ましいです。

【間食（16〜17時）】

夕方は膵臓の動きが活発になり、インスリンの分泌が高まります。そのため、甘い物を食べても膵臓の負担が少なくて済むため、最も太りづらい時間帯だといえるでしょう。

なお、前出のショーシャ博士が間食としてすすめるのは、抗酸化作用のある食べ物です。特によいのが、カカオ成分が70％以上のダークチョコレートです。カカオは、抗酸化物質を作りだす上に、セロトニンやドーパミンの生産にもかかわってくれます。

そのほかによいのが、リンゴやブルーベリー、イチゴ、オレンジなどの抗酸化作用がある果物類です。果物はお菓子などと違って、インスリンを急激に分泌させることもないため、理想的です。

【夜（19〜21時）】

夜になると肝臓の代謝機能が弱まるため、できるだけ肉類は減らすのがベターです。脂肪を摂るならば、エキストラバージンオイルや脂ののった魚などがおすすめです。

膵臓の動きも落ち着くため、砂糖や炭水化物、果物類は、心もち控えたほうがいいでしょう。なお、アルコールは糖質なので、血糖値を急上昇させます。ただ、「夜はアルコールを飲みたい」という方も多いはずです。飲むお酒は、抗酸化物質であるポリフェノールが多く含まれている赤ワインなどが理想的ですが、何のお酒であれ、水を合わせて飲むことで、血糖値の急上昇を抑えられます。

夜は、腎臓の代謝機能が上がり、日々の肝臓や膵臓の代謝で生まれた老廃物を排泄してくれます。腎臓の機能を促進するためにも、できるだけ水分を多く摂るのが望ましいです。

また一回ずつの食事での食べる順番も重要です。食事は、できるだけ野菜やたんぱく質から食べましょう。

なぜかというと、食べ始めに炭水化物を摂ると、血糖値がぐんと上がり、インスリンが大量分泌されます。すると、食事の間に血糖値が上がりづらくなってしまうのです。血糖値が激しく乱高下するため、内臓に負担を与え、細胞の炎症につながります。

イメージとしては、懐石料理の食べる順番が望ましいです。和食の場合、最初に野菜や魚介類を使った先附が出て、刺し身や焼き物、そして、油を使った揚げ物から食事へと移行します。このようにたんぱく質や野菜からゆっくりと食べると、血糖値は緩やかに上昇していくので、内臓にも負担をかけづらいです。

60歳以上ならばタバコはやめなくていい

やめたい人が一定数いるのに、なかなかやめられない二大嗜好品といえば、タバコとお酒です。歳を重ねると、健康のために嗜好品を諦める道を選ぶという話を聞きます。タバコやお酒はその最たるものですが、タバコは基本的に「60代以降の人はやめる必要はない」と考えています。

タバコにはガン以外に大きな2つのリスクがあります。

一つは動脈硬化です。喫煙者は非喫煙者に比べると、明らかに心筋梗塞や脳梗塞になりやすい傾向があります。

もう一つのリスクは、肺気腫です。これは、酸素と二酸化炭素を交換する肺胞という機能が破壊される病気です。肺気腫になると呼吸が非常に苦しくなるので、「ガンになってもタバコはやめない」という重度のタバコ好きな人でも禁煙されるケースが多々あります。

60代未満の人であれば、タバコはやめたほうが人生におけるその後のＱＯＬは上がるので、「やめたほうがいいのでは」とアドバイスしたいと思います。しかし、60代以上であれば、話は別です。

過去に浴風会の老人ホームで、喫煙者と非喫煙者の生存曲線を調べたところ、65歳を超えると生存率はほぼ変わらないことが明らかになりました。

なぜこんな現象が起こるのかというと、喫煙によってガンや心筋梗塞になる人は、老人ホームに入る前にすでに亡くなっている可能性が高いからです。ホームに入る時点ですでに何十年もタバコを吸っているのに、肺ガンにも心筋梗塞にもなっていない人は、タバコに強い何らかの因子を持っている可能性が高いです。

60代になって何の病気にもなっていないのであれば、その人自身が喫煙に強い何らかの遺伝子を持っている可能性が高い。ならば、今から節制するよりは、ご自身の体の強さを信じ、他人に迷惑をかけない程度に喫煙したほうが楽しく人生を生きられるのではないかと思います。

そのほかにも、タバコを吸うメリットはあります。タバコを吸うことによる精神安定効果も高いし、昔よりも吸っている者同士で強い連帯感が生まれているという側面もあります。

私はタバコを吸わないのですが、昨今の喫煙者への風当たりは、明らかに強いと感じます。差別といってもいいほどです。そのようなある種の〝迫害〟を受けている人たちが、喫煙所で日々、連帯感やコミュニケーションを分かち合っています。高齢になってからでも、このメリットは享受できると考えていいでしょう。

健康が気になるが、タバコを吸いたいという人は、最近では電子タバコやシーシャ（水タバコ）といった、新しい喫煙習慣を選ぶこともできます。そのなかにはニコチン・タールが含まれないフレーバーのみを楽しむものや、ビタミンを摂取できるものもあります。過度な期待はできませんが、健康被害のリスクを限りなく抑えた上で、喫煙習慣を続けることもできるでしょう。

繰り返しになりますが、我慢しすぎない生き方をしたほうが、人生は健康で長生きできます。「人に迷惑をかけない」範囲であれば、喫煙を無理してやめる必要はないと思います。

60代からのアルコール

嗜好品をたしなむ人々の間にある種の連帯感が生まれるのは、お酒も同様です。そこにはカルチャーがあり、コミュニケーションが存在します。だから私は、お酒も基本的にやめる必要はないと考えています。人とのつながりが薄れていく60代以降、楽しみにつながる娯楽をみすみす手放すことはありません。

もちろん、アルコールには、タバコに含まれるニコチン同様に依存性があり、やめたくてもなかなかやめられません。そして量も増えやすく、肝機能の障害を引き起こす原因になるほか、深刻な〝アルコール依存症〟のリスクもあります。タバコもお酒も楽しく適量を守れている範囲で楽しむのがよいでしょう。

ドクターの視点から、医学的におすすめなお酒の飲み方をお伝えします。

お酒は、なるべくGI値（グリセミックインデックス）の低いものを選ぶのがコツです。GI値とは、食後血糖値の上昇度を示す指数で、この指数が高いほど、体の老化の大きな原因である「糖化」が高まります。

糖化というのは体の「焦げ」ともいわれ、動脈硬化や肌質に影響があるなど、いわゆる身体的な「老化」に直結するものです。パンをトーストすると、焦げ茶色になりますが、あれはパンが糖化しているからこそ。人体でも同じ現象が起こっており、糖化が進むほど体内の老化は進んでいきます。

お酒についても、体を糖化させる度合いが低いものを選んだほうが、老化防止になります。様々なアルコールのなかで、体を糖化させるGI値が低いのはワインで、一番高いのはビール。私も日ごろから自宅ではワインを飲み、ビールを飲むことはなくなりました。ワインがないお店では、焼酎のソーダ割りやロック、そしてウイスキーのような蒸留酒を飲むことをおすすめします。

また、人間の体の老化には、糖化に加えて「酸化」という現象が大きくかかわっています。人が生きる上で、呼吸して酸素を取り入れることが不可欠です。少し専門的な話になりますが、酸素が体内で別の分子と結びつくことで、活性酸素を発生させます。活性酸素は体になくてはならないのですが、過剰に増えると細胞を傷つけ老化を促進します。この活性酸素を抑えるために「抗酸化」という働きが体に起こりますが、年齢とともに抗酸化作用は弱まっていきます。そのため、老化を抑えるには抗酸化作用のある食べ物を積極的に摂取することが効果的です。ワインには抗酸化作用のあるポリフェノールが含まれているため、体の酸化を防ぎ、老化を抑える上でも優秀です。

昭和を代表する大スター・美空ひばりは晩年、「一人酒」を毎晩の日課にしていたといわれています。彼女はまさに「悲しい酒」を地でいく私生活でした。お酒はやめなくていいとお伝えしましたが、飲み方に関して、一つだけ気を付けたいことがあります。それは一人酒の機会をなるべく抑えてほしいのです。

年齢を重ねるほど、一般的にはお酒に弱くなります。年齢とともに内臓の機能が衰えるのは、アルコールを代謝する肝臓も同じです。

つまり、歳を取るほど、以前ほどの量を飲めなくなるわけです。若い頃と同じくらいの量を継続して飲んでいるだけならば、それほど大きな問題になることはないと思いますが、飲めなくなるはずの年齢でも酒量が増えているということは、やはり依存症傾向が自分にあることを自覚するべきです。

誰かと飲む分には酒の量が多少増えてもかまいません。仲間と騒ぐとか愚痴をこぼすとかというような「楽しい酒」である場合は、さほど問題を感じません。

問題は、一人酒です。一人酒が多い人ほど、うつ傾向やアルコール依存症の傾向が強いです。「一人で毎日飲まないと眠れない」という理由から大量にお酒を飲むのであれば、お酒に頼るのではなく、病院にかかって眠るための適切な投薬を受けることをおすすめします。

第3章 「新しい体験」で前頭葉を活発に

60代から絶対にやってほしい「散歩」

60歳以降の人に欠かさずにやっていただきたい習慣といえば、「散歩」です。

コロナ禍で、まったく外出をしなくなった高齢の患者さんが何人かいますが、その人たちは体の衰えが止まらず、現在はボロボロといっていいほどの状態になっています。それほどに、毎日の散歩習慣があるかないかは、筋力をはじめとする生きる力に大きく影響します。

また、室内で運動するよりも屋外の運動のほうが望ましいです。年齢を重ねるごとに幸せホルモンと呼ばれるセロトニンの分泌量は減っていきます。セロトニンが減るとうつっぽくなることは知られていますが、その対策として効果的なのが「たんぱく質の摂取量を増やすこと」と「日中によく日光を浴びること」です。太陽を浴びるとセロトニンが分泌されるので、気持ちが明るくなります。どうしても部屋から出られない場合は、できるだけ窓を開けはなして、太陽の光を浴びるように心がけてほしいです。

なお、歩く歩数に関しては「一日一万歩」なんて言葉を聞くこともありますが、そこまで頑張る必要はありません。私自身も、昔は車移動しかせず、まったく歩きませんでしたが、今は意識的に歩数を増やし、一日最低でも３０００歩ほどは歩いています。

スポーツはやりすぎないほうがいい

アンチエイジングは若いうちからやっておくのに越したことはありません。車にしても、メンテナンスせずに乗り続けるよりも、定期的にメンテナンスをしているほうが長持ちするのは当然のこと。ただし、ときによってはアンチエイジング意識が高すぎて、逆効果になることもあります。その代表がスポーツです。スポーツはメタボ対策になるし、健康に良いと長年信じられてきましたが、60代以降の激しい運動は老化を促進してしまいます。

すでにご紹介したように、私たちの体では、呼吸をする際に活性酸素と呼ばれる物質が発生しています。有酸素運動などを通じて、活性酸素が大量に発生します。呼吸は生命体にとって必須の存在なので、ある一定量の活性酸素が発生するのは仕方がないことですが、過剰に存在すると細胞の損傷が激しくなります。激しい運動をするアスリートが、年齢の割にはしわなどが目立ち老け込みがちだったり、短命だったりするのは、活性酸素のせいではないかと考えられています。

もちろん「老けるのが怖いから」といってまったく運動しないのも問題ですが、動きすぎるのも問題です。日本人全体を見てみても、農業中心で誰もが激しい労働をしていた時代よりも、現代のようにホワイトカラー人口が増えてからのほうが、外見も若返っている上に、寿命も延びています。体は使い続けるに越したことはないのですが、屋外で紫外線を浴びて激しいスポーツをするよりも、適度な散歩や自宅でできる簡単な筋トレ程度が望ましいと考えています。

では、運動する場合は、どのくらいを目安にすればいいのでしょうか。

基本的には「好きな運動をやれているか」という観点が重要です。ジムに毎日行って、ダンベルを上げたりすることが楽々できる人であればそれを続ければいいし、水泳が得意という人もいるでしょう。水中ウォーキングなどは、足腰に負担をかけずにちょうどよい負荷をかけて運動をすることができます。

以前からやっていたテニスやランニングを続けたいという場合は、体もそのスポーツに順応できるはずなので、続けたほうがいいのです。

最もよくないのは、「体のためだから」といって無理をすること。慣れない運動をしすぎて腰を傷めるなどのケガのリスクは、高齢になればなるほど高まります。一度ケガをすると、若い頃よりは圧倒的に治りにくくなっているため、人によっては、そのときにできたケガが一生モノのケガになってしまうこともあります。だからこそ、運動する場合は、体に無理がない、好きな運動を続けてほしいと思います。

「若作り」が老化にストップをかける

「若作りは恥ずかしい」「60歳を過ぎて派手な格好はできない」と考える人もいるかもしれません。でも、外見のアンチエイジングは、実際の老化のスピードをやわらげるのに大きな影響があるので、どんどんやったほうがいいのです。

特に男性は見た目の若さには、あまり配慮をしない傾向にありますが、容姿の老化予防は心の若さにも大きく影響します。自分の見た目が老人らしくなっていくと、その影響を受けて心も老化し、全身の身体機能も老化します。精神神経免疫学という医学分野では、外見を通じて心が若返ると、免疫機能もかなりの精度で若返るとの研究が進んでいます。

現代では、しわやシミなどは、美容医療を通じてかなりの割合でカバーすることができます。たとえば、ヒアルロン酸注射をすると、真皮層のコラーゲン組織を保ち、肌の滑らかさややわらかなハリを取り戻すことができます。ボトックス注射は、筋肉を弛緩させて、目じりや口元のしわなどを目立たなくする効果があります。これらの施術はごく一般的なものですが、外見の若返りを通じて心を若返らせて、体全体の老化のスピードを遅らせる良い手段の一つです。

もちろん、こうした美容医療を使わずとも、外見に華やぎを与えるだけでも、十分心は若返ります。たとえば、普段はまったくおしゃれをしてこなかった中年男性が、パリっとしたシャツに腕を通し、仕立ての良いスーツを着るだけで、気持ちは変わります。普段は理髪店で髪を切っている人が、美容院に行ってカットしてもらうだけで、気持ちが変わるでしょう。

老人ホームなどでも「お化粧をすると急に背筋が伸びる」といわれるように、身だしなみや外見に気を使うだけで、精神的にも身体的にも若返り効果が生まれます。ですので、「いい歳をして恥ずかしい」などと思う必要はまったくありません。シニア世代に向けた美容医療やファッションなどが充実している今だからこそ、そのような「文明の利器」を大いに利用してほしいと思います。

毎日に少しでいいから、変化をつけよう

第1章で、前頭葉の動きを活発化させることが60歳以降は重要であるとお伝えしました。日常でも前頭葉を活発化させる習慣を大いに取り込んでください。

日本人の多くは前頭葉を1割も使っていないといわれています。普段よく使ってい

る脳の機能であれば、機能が衰えても、もう一度トレーニングをすればすぐに戻ります。ただし、前頭葉の場合は、普段から使っている人が少ないので、活性化させるには前頭葉ならではのトレーニングが必要です。前頭葉を活発化させるためのトレーニング方法。それは、ルーティン作業をせず、常に新しいことにチャレンジすることです。行きつけの店以外に行く。いつもとは違う著者の本を読む。毎日、違う人と会う。些細なことで、前頭葉に刺激を与えることができます。

たとえば、散歩を日課にしている方であれば、普段は使わない道を通ってみるだけでもいいのです。「新しい体験」が増えるほど、前頭葉を使う機会が増えていきます。どんなに難しい本を読んだり、脳トレをしたりしても、ルーティンになってしまっている場合は、前頭葉が働かずに、自己満足で終わっているケースも多々あります。できるだけ「日々に変化をつけること」を大切にしてください。

日本人は、前頭葉を使わない人が非常に多いとは先ほど述べた通りです。その理由は、日本式の教育が要因だと私は考えています。

日本の教育は、基本的には小学校から高校まで、暗記重視の詰め込み式で行われます。大学進学後は、欧米であれば、「教授がこう言っていたけれども、私はこう思う」と自分なりの意見を持ち、考える人が多いです。だからこそ学問が発展していきます。しかし、日本の場合は、大学に入ったあとも、上には逆らわない教育を受けます。教授に何かツッコまれれば、自分の意見をすぐに引っこめてしまいます。日本では前例を踏襲する文化が尊ばれる傾向がありますが、前例踏襲をする限りは、どんなに難しいことをしても前頭葉を使ったことにはなりません。その最たる例が、政府やメディアの発言を疑わないことです。

たとえば、現代の社会事情を解説するテレビ番組などを見て、外国の大学を卒業した人であれば、「コメンテーターの言う通りとは限らないのではないか」「違った見方ができるのではないか」「ほかの可能性も考えられるのではないか」と疑問を呈するでしょう。しかし、日本人は大学を卒業した人であっても、何か言われたときに「そうだったのか」と受け入れてしまいます。それは前頭葉を使っていない証拠です。

では、どんな人が前頭葉を使っているのかというと、他人と違う意見を言う人です。ニュースなどを見ていて、コメンテーターとは違う意見を持つ人は、前頭葉が活性化している可能性が高いです。コメンテーターの人は、たいがい大多数が賛同するようなポリティカルコレクトなコメントを発言します。ただ、世界の出来事はそんなに簡単なものではありません。何にしても複雑な事情が絡んでいます。テレビを観たときは、コメンテーターの意見に「うん、そうだ」と同意するのではなく、「それは違うんじゃないか」「こういう見方もできるのではないか」とツッコミを入れることで、前頭葉を活性化してほしいと思います。

免許返納しなくていい

昨今、アクセルとブレーキを踏み間違える、といった高齢者の自動車事故の報道の増加に伴い、免許返納を促す風潮が強くなってきています。そのため、歳を重ねるにつれて考え始めるのが「免許の返納」でしょう。判断力があるうちに「もう自分は運転することは危険である」と判断できるのは素晴らしいことです。しかしながら、私が考えるに、高齢者だからといって免許を返納する必要はありません。

その理由の一つは「外出頻度が減るから」です。都心に住んでいて車がなくても日常生活が成立する人ならばともかく、地方暮らしの高齢者の場合、免許を返納した途端に外出する機会が減ってしまいます。足腰はもちろん、脳の機能も衰えます。運転をやめるよりは、衝突防止装置がついている安全装置などを盛り込んでいる車や、ブレーキとアクセルを踏み間違えないように設計されている車など、より安全性の高い車に買い換えるほうが、健康なまま長生きできるでしょう。

世間で「高齢者は免許返納をするべきだ」と声高に叫ばれる一方、免許を返納した高齢者の「その後」についてあまり考えていないというのが正直な印象です。

「暴走老人」という言葉があります。実際に年齢を重ねると前頭葉の機能が落ち、怒りっぽくなる人は存在しますが、その割合は予想外に少ないものです。それよりも、免許を返納したあとの移動はどうするのでしょうか？

昨今はメディアの影響で、高齢者が自動車事故を起こしがちという印象がありますが、警察庁交通局の資料を見ると、75～84歳の高齢者が起こす事故は、16～24歳の若者が起こす事故に比べて少ないのです。若者の免許を取り上げようという動きはない上、シニア世代の免許返納後に関する議論もせずに、シニア世代の免許を取り上げようとするのは、「高齢者いじめではないのか」とすら思います。

自動車免許を返納する代わりに自転車を使うように切り替える人もいます。たしかに、自転車移動のほうが健康にも良く、安全性も高いのではないかと感じるでしょう。でも、実は自転車は自動車よりも、高齢者にとっては危険が多い乗り物です。もとから自転車に乗り慣れている人ならばいいですが、足腰が弱った状態で久しぶりに自転車に乗って、転倒してしまうケースが多々見られるからです。

高齢になってからの転倒は「事故」です。筋力が弱っている状態で骨折すると、その間は動けないのでますます運動量が減って、筋力が弱まります。人によっては自転車事故がきっかけで寝たきりになってしまった……という声も少なくありません。

また、自分が転ぶだけでなく、人を巻き込んでしまうこともあります。自転車で安定して走行するためにはある程度のスピードを出す必要があります。そのため、よろよろを避けるためにスピードを出しすぎてしまうことがあります。そのスピードを制御しきれず、子どもなどにぶつかってケガをさせてしまう話もよく聞きます。

すべての人が加入必須である自動車保険と違って、自転車保険に入っている人はほとんどいないため、賠償責任も自動車事故のときよりもはるかに大きくなるケースがあります。そんな悲劇を生むくらいなら、免許を返納せずに自動車に乗り続けるほうが、リスクは低いのではないでしょうか。ただし、「歳を取ったら無理はしない」というのが基本的な考え方であることに間違いはありません。ご自身の免許返納を考えるのであれば、ぜひその後の「無理をしなくて済む生活」について考えてみてからにしていただきたいと思います。

一時期、必要のないものをすべて捨て去る片付け術が流行しました。海外でも日本的な感覚がウケて一大ブームとなりました。しかし、老後において、そのような考え方は本当に必要なことなのでしょうか？　答えは、「本人次第」です。よくシニア雑誌などで、死んだあとに整理する人が困らないようにと、いわゆる「終活」の一環として片付けをすすめていることが多いですが、もしご自身が今の環境に不満を抱いていないのであれば、そこまで気を使う必要はないと考えています。

片付いている部屋が好きな人もいれば、少し雑然としているほうが落ち着く人もいます。それは本当に人それぞれです。今の環境が自分にフィットしていると思うのであれば、あえてそれを変える必要はありません。

もちろん、大事なものの場所をはっきりさせたり、「あれがない」「これがない」と探し物が少なくなったりするという点では、整理整頓はある程度必要になってくるかと思います。ただ、躍起になって何もかも処分した結果、あとから「大事な物まで捨ててしまったのではないか」と気に病んでしまうこともあります。流行にとらわれて、むやみに自分の好きな環境を手放す必要はないのです。

60歳以降に欠かせない男性ホルモン

60歳以降は、ホルモンにも大きな変化が生まれ、性的な関心事についても個人差が出てきます。ただ、60代の方がいくつになっても若々しくいるためには、男性ホルモンの存在は欠かせません。男性ホルモンが減ると、まず物事への意欲が衰えますし、筋肉も減っていきます。性的に枯れた人は、普通の人よりも早く体にガタがくるので、見た目年齢も老けていきます。

　女性の場合は、閉経後のほうが男性ホルモンは増えるため、よりアクティブになり、人付き合いにも積極的になります。体毛なども濃くなっていくので、ヒゲなどが生える人もいます。シニア女性が元気だといわれるのは、まさにこうしたホルモンの影響があるのかもしれません。

　一方、男性は、男性ホルモンの分泌が低下していくので、性的な好奇心だけでなく様々な好奇心が落ち、人付き合いも億劫になります。ときには、「眠れない」「気持ちが落ち着かない」「意欲が低下している」などとうつっぽい症状を訴える方もいます。こうした男性更年期とうつ病は間違えられやすいので、ご自身や旦那さんが急に気分が暗くなったり、老け込んだりしたときは、男性ホルモン値を測ってみることをおすすめします。男性ホルモンの低下が原因でのうつ症状だった場合は、男性ホルモンを投与することで、症状を回復させることができます。

　男性の場合、男性ホルモンが低下すると大きな問題となるのが、性交渉でのトラブルです。以前のように男性器が勃起せず、ＥＤ気味になる人も少なくありません。ただ、「男性としての能力を失ってしまったのでは」と悲しむのは早計です。泌尿器科やメンズクリニックで男性ホルモン注射やバイアグラ、シアリスのようなPDE5阻害剤を処方してもらえば、60代はもちろん、70代でも性交渉をするのにまったく問題はありません。人によっては80代でも性交渉は可能だと思います。もし薬ではなく食べ物から男性ホルモンを増やしたいのであれば、「セックスミネラル」と呼ばれる亜鉛が含まれるニンニクや牡蠣などの食べ物を積極的に食べるのが効果的です。

年配になるほど、恋愛的なドキドキ感に抑制をかけてはいけません。なぜなら、恋愛で得られるトキメキ感やドキドキ感は、男性ホルモンの分泌を活発にする上、前頭葉にも強い刺激を与えるので、若さの源ともいえるからです。反対に、恋愛感情に過度に抑制をかけると老け込んでしまいます。人目を気にしたり、道徳で自分を縛ったりしないことが、老け込まない一つの方法だと思います。

では、どうしたらドキドキ感を生むことができるのでしょうか。

たとえば、アイドルの追っかけや漫画やアニメ、ドラマなどで、好きなキャラクターに入れ込むのもいいでしょう。そのほか、習い事やスポーツクラブに、好きなインストラクターを作るのもおすすめです。また、キャバクラやホストクラブなどに行って、実際に疑似恋愛を楽しんでみるのもいいと思います。「疑似」であっても、脳には十分な刺激になるはずです。

〝本物〟がわかる高齢者の感性

年齢を重ねるほど、感受性は鈍くなると思われがちです。たしかに、高齢者はこれまでの人生でたくさんの刺激に遭遇しているので、簡単に心が動かされることはありません。若い頃に比べると、前頭葉が老化しているので、強い刺激でないと脳が反応しないのです。

でも、これは裏を返すと、「本当に良いものは、年齢を重ねたからこそわかる」という証明だと思っています。たとえば、若い頃は安い牛丼を食べても満足できたけれども、人生経験を重ねて本当においしいものを食べ慣れると「おいしい」と感じなくなります。若いうちは夜の東京タワーを見て感動できるかもしれませんが、年齢を重ねるとそれ以上に美しいものを見ないと心が動かなくなります。

若い頃は芸歴一年目の若手芸人の芸で笑えても、年齢を重ねると本物の芸でなければ笑えなくなります。吉本新喜劇のベテラン芸人の芸であれば、若者も笑うし、高齢者も笑います。

つまり、年齢を重ねるごとに、本物を楽しむようになっているのです。余談ですが、昨今のお笑いコンテストの審査員は若い人も多いですが、個人的には全員80歳以上にしたほうが、より芸のクオリティが高い芸人が勝ち残れるのではないかと感じます。

高齢者が感動できる景色や料理、芸は本物です。シニア世代が喜ばないものを「若者の感性がわかっていないから」と言ってしまうのは、非常に本末転倒なこと。最近、テレビなどで目にするコンテンツを「楽しめない」と思っても、ご自身の感性が衰えたのではないかと悲観する必要はありません。むしろ、それは「本当に良いもの」にしか感性が反応しなくなっている証拠です。だからこそ、せっかくの感性を雑多なコンテンツに費やすのはもったいない。ぜひ、様々な〝本物〟のグルメや芸に触れて、その感性を十分に楽しませてほしいと思います。

かつての60代といえば、仕事をリタイアする年代でしたが、今は70歳での引退も当たり前といわれ、今後ますます「生涯現役」が主流になるはずです。

「ＦＩＲＥ」などと早期リタイアに憧れる声もありますが、「60代になったら仕事をやめる」などと決めつけないほうがいいと思います。仕事は頭や体を使う上で、非常に良いのです。

「失敗学」に関する著書を多数出している東京大学名誉教授の畑村洋太郎さんは、定年退職後の人が就任する「相談役」というポストを奨励しています。これは名誉職である相談役でなく、本当に現役の社員に過去の経験や人間関係を使って利害関係なしに相談に乗ってあげるというポストです。私自身、定年退職をしたあとであっても活躍できる場を設けることは、喫緊の課題になると考えています。もし働いている会社から「60歳以降も働いてほしい」といわれたり、友人や知人から「うちの会社で働かないか」との声がかかったとき、自分がある程度やりたい仕事ややりがいを持てる仕事だったならば、ぜひ引き受けましょう。

自分の興味のある仕事であれば、リタイアせずに働き続けることが、若さを保つ一つの秘訣です。
リタイア後は起業に興味を持つ方も多いですが、どうしても高齢になればなるほど、意欲とクリエイティビティについては若いときよりも落ちてしまいます。

個人的には、60代は起業をするには最後の年代だと思います。70代以降になるとよほど前頭葉が活発に動いている人でない限りは、柔軟性や創造力が格段に落ちてしまうからです。

一方、現在の60代オーバーの人たちにとって、起業のチャンスはいたるところに転がっているとも感じます。今の世の中は若者中心のサービスにばかり特化していて、高齢者のことを考えたサービスが非常に少ないからです。ご自身が「これが欲しい」「これがあったらいいいな」と思うものをかたちにするだけで、十分ビジネスとして成り立つのではないかと思います。

第4章

良い医師や病院の選び方とは？

患者よりメンツを優先する日本の医学界

60歳になったら、「自分がこの病気になった場合、どの病院のどの先生にかかって、どんな治療法をするか」を考えておいて損はないでしょう。多くの方は、病院に行けば誰でもどこでも、最善の治療法が受けられるはずだと考えているかもしれませんが、それはまったくの誤解です。日本は、医者や病院によって大きく医療の方針が違いますし、その時代の権威によって治療法も左右されます。

たとえば、乳ガンの治療法の変遷を見ても、その様子は明らかです。一昔前は乳ガンが見つかったら、乳房を全部切除する手術方法が一般的でした。ただ、乳房をすべて切除してしまうと、大胸筋という筋肉やリンパ節もはずしてしまうので、腕を上げることもできなくなります。また、手術をされた女性も、乳房を失うことによる外見的な変化や精神的な喪失感に苦しむことが多々ありました。

当時、慶應義塾大学医学部専任講師だった近藤誠医師は、「ガンを患っている部分だけを切除して放射線を浴びせる術式と乳房を全部摘出する術式とでは5年間の生存率が変わらない」という新しい治療法を『文藝春秋』誌上で紹介しました。

乳房を全摘出せず、一部だけ切除すれば治療できるのであれば、後遺症も少なく、外見上の変化もほぼありません。

患者には朗報といえるこの治療法ですが、いざ発表されると医学界からは猛反発を受けることになります。なぜなら近藤医師の発言は、これまで患者に「乳房を切除しないと転移して大変な目に遭います」と言っていた医師たちからすれば、恥をかかされたのも同じこと。その後も近藤医師は医学界から、「あの医師はとんでもないことをいう医者だ」と後ろ指を指され、長い間総スカンをくらいました。

日本の医学界の罪と罰

しかし、近藤医師を排斥していた、医学界の重鎮たちが引退した約15年後、近藤医師が提唱していた「乳房を全切除せずにガンだけ取った上で、放射線を照射する」手法は、乳ガン治療の標準治療になりました。もし、日本の医学界の権力者たちが過ちを認め、早くこの術式を取り入れていたならば、あるいは外科医たちが権威に負けずに治療法を導入していたならば……。15年という歳月の間に、乳房を全摘出されて苦しんだ女性たちは減っていたかもしれません。なんとも罪深い話だと思います。

さらに、周囲の同調圧力に負けず、当時の医学界にモノを申した近藤医師の名誉が回復されたのかというと、決してそんなことはありません。当時、慶應義塾大学の医学部に在籍していた近藤医師ですが、先見の明があったにもかかわらず、教授になることはありませんでした。この事例を見ても、日本の医療は、「科学的なデータよりも権力のある人の意見が優先」という因習がまかり通る、いい加減なものだと私は思っています。

「死にさえしなければいい」という日本の医師

近藤医師の事例を見てもわかるように、日本の医師は「死にさえしなければ、患者にどんな後遺症が残ろうが、どんな生活上のハンディキャップが残ろうが、問題ない」と思っている人のほうが圧倒的に多いです。

それは、コロナ禍における専門家たちの対策を見ても明らかでしょう。コロナ期間中、有識者会議の専門家たちは、過剰に人々の外出自粛を求めました。高齢者の方々はその言葉を真に受け、外へ出かけずに自宅待機をする方が非常に多かったのです。でも、その結果、新型コロナウイルスの感染はまぬがれたにせよ、孤独感を抱いてうつ病になったり、日課であった散歩やサークル活動を控えた結果、筋力低下によって歩けなくなる人が増えたりと大変な健康被害を生んでいます。もしコロナ対策に携わった専門家たちが、人々の「命」だけではなく、人々のＱＯＬを考えていたならば、感染対策も大きく違ったものになっていたと思います。

希望した治療をしてくれる病院や医師を探そう

ＱＯＬを大事にするか、寿命を大事にするか。価値観が分かれる部分だと思います。

たとえば、胃ガンにかかった際、「今後の転移が怖いから、その後の生活が不便であったとしても、すべて切除してほしい」という人もいれば、「残りの人生を楽しく過ごすために、体に与える影響は最小限にしたい」という人もいるでしょう。

どちらを選ぶにしろ、そこには個人の価値観が反映されてしかるべきです。しかし、そうした選択肢があることを知らずに、自分の命をゆだねる病院や医師を「家から近いから」「通いやすいから」などという理由で選ぶと、後々、自分や家族が後悔する可能性は極めて高いです。万が一の場合の後悔を少しでもなくすために、自分の方針に合わせて、病院や医師をきちんと調べて選んでおきましょう。

よく「ゴッドハンドの医師に頼んでおけば間違いがない」という人もいますが、そうした医師たちが本当にゴッドハンドの持ち主かは不明です。強いていえば、手術件数の多さは、その医師の経験値を指し示す目安の一つになるかもしれませんが、自分が納得する治療法をしてもらえるかは、まったく別の話です。

高齢者に大学病院はふさわしくない

病気になったとき、大学病院で治療を受けたがる方が非常に多いです。特に多いのが「東大病院で治療してほしい」という患者さんです。たしかに日本最高学府の病院であれば、最先端の治療が受けられるだろうと考える人も多いでしょう。

しかし、高齢者にとって大学病院は「治療する場所」としてはあまりふさわしくありません。大学病院は専門分化が激しく、高齢者向け治療のスペシャリストというわけではありません。特に自分が指名する医者を探さずに大学病院へ行ったがゆえに、あまり腕の良くない医者に手術をされてしまうことも多々起こります。

日本は国民皆保険の影響のせいか、金持ちがケチなせいかはわかりませんが、どんなにお金持ちであっても自費診療で腕の良い医師を集めたようなお金持ち用の病院は選べません。お金持ちであっても、間違えた病院選び、医師選びをしてしまうと、自分の命を縮めることになりかねません。逆にいえば、お金を持っていなかったとしても、よく調べた上で「この先生にお願いしたい」という強い希望をもって病院に直談判すれば、名医の手術を受けることができます。今の時代の医療は「お金を持っているか」よりも「正しい情報を持っているか」が肝心になってくるのだと、ぜひ、心してください。

良い医師や病院を選ぶにはどうしたらいいか？

では、良い医師や病院を選ぶにはどうしたらいいのでしょうか。頼りになるのは、周囲の口コミです。年齢を重ねると、周囲にも病気になる人が増えるため、「あそこの病院が良い／良くない」といったお話を聞く機会が増えていくでしょう。こうした情報は、聞き流さずにきちんと記憶にとどめてチェックするようにしてください。医療に関しての情報を自分で得て、精査する力は本当に大切です。

特に多いのが、「評判の医者」にかかっても、その良さがあまり感じられない……ということ。なぜこうした現象が起こるのかというと、医者を評価する軸が、医者側と患者側で異なるからです。

医者の評価というものは、医者側からすると「経験」「手術実績」「学会発表の内容」といった、いわゆる知識面や治療の〝腕〟で測られるとされており、患者側からの「あの先生が良い」との評価はあてにならないものだ、とされています。

しかしながら、患者側、つまり医療を受ける側の人間にとって、実はそんな周囲の医師からの評価は、よほどの難病を患っていて、「その先生でなければこなせない」という手術でもない限りは取るに足らない情報だったりします。一方、患者から「あそこの医者は良い」と評価される医者は、学歴や手術実績、留学経験などよりも「しっかり話を聞いてくれて、説明もわかりやすくしてくれる」面や「フォローが良い、愛想がいい」面などが重視される傾向にあります。

医者にとっては病気をきちんと治せることが良しとされていますが、それは一部の難しい病気に限った話です。多くの場合、患者の症状をきちんと聞いてくれて、安心させてくれる医師のほうが、良い医者であることが多いです。

いち早く登場してほしい「医者ログ」

良い医者を紹介する週刊誌や雑誌は世の中にたくさんありますが、結局のところ、手術実績やある特定の疾患における「権威」といった、医者から見た「良い医者」が掲載されていることがほとんどです。多くの読者にとっては実用的ではない情報ばかりが掲載されています。だからこそ大半の患者にとっては、同じ患者が下した評価のほうが信頼できます。いち早く、患者目線で書かれた医師の評価を一般の人が共有できる「食べログ」のようなサービス、「医者ログ」が一般化することが急務だと思います。「口コミ」を簡単に得られて、上手に活用できるような、患者側のサービスが一般的になってほしいと願うのです。医者や病院の口コミサイトがないわけではありません。たとえば、WEBサービスの「グーグルマップ」には、医院の口コミが載っていることがありますが、「食べログ」と比べてしまうと、まだまだ口コミの量が足りているとはいえません。

私の考えでは、「あそこの病院が良い／良くない」といった話は、意外とあてになるものです。もちろん、医師との相性もありますし、そういった人気の病院は待ち時間が長くなる傾向にあります。なるべく深刻な事態にならないうちに、みなさんが自分に合った病院を見つけられることを願います。

ケアマネさんと仲良くして情報収集を

そのほか、良い病院や医師の評判を手に入れる方法として、おすすめなのは、地域のケアマネジャーさんと仲良くなることです。福祉施設や医療施設に勤務するケアマネさんは、地元にある福祉・医療サービスの情報網を持っています。

たとえば、良いデイサービスを一つ調べるにしても、ケアマネさんたちと仲良くしておくと、「ここの老健は先生たちがとても熱心だ」「このデイサービスは軽度の人も受け入れてくれます」など様々な医療情報が手に入ります。

それでは、どうすればケアマネさんたちと仲良くなれるのでしょうか。

各自治体には地域包括支援センターという福祉の総合相談窓口のような施設があり

ます。こうした施設には往々にしてベテランのケアマネさんが常駐しており、相談業務も担当しています。特に現状で困ったことがなくても、質問すれば相談に乗ってくれるはずです。

また、自治体によって高齢者に対するサービスが違うので、調べてみると「こんなこともあるのか」と驚くかもしれません。自分が病気になったり、認知症になったりしてからでは、調べる気力や体力がなくなっている可能性も高いです。60代の元気なうちに、ぜひ、最低限のリサーチはしておいてほしいと思います。

健康診断を受ける価値はない

高齢になるほど、健康に気遣うあまり健康診断をこまめに受けるようになります。ただ、健康診断は、わざわざ受ける価値はないと私は考えています。多くの人が健康診断を受けるのは、健康診断で明らかになる血圧や血糖値、コレステロール値の数値を知り、それらが原因で起こる病気を予防したいからでしょう。健康診断の検査データは、体の調子を知るバローメーターのように考えられていますが、それが本当に正しいかというと、決してそうともいい切れません。健康診断で悪い数値が出てそのまま放置していても、まったく病気が起こる気配がない人もいれば、正常値だったのに心筋梗塞や脳梗塞で重篤な状態になる人もいます。

なぜこんなことが起こるのかというと、日本の健康診断は「正常」の数値を相対評価で決めているからです。日本では、「健康と考えられる人の平均」を中心に据えて、上下95％の範囲に収まっている人を正常と診断します。一方、正常に収まる数値よりも高すぎる、あるいは低すぎる数値を出した5％の人を「異常」と判定します。つまり正常の範囲とは平均プラスマイナスの標準偏差で決められており、その95％をはみ出した人はすべて「異常」とみなされてしまうのです。

数字自体が健康状態と関連していないので、数値が異常でも明らかに健康体な人もいますし、数値が正常でもその後、病気になる人もいます。

健康診断の数値が正しいのかを証明する証拠はない

現在、日本の健康診断に使われる数値で、エビデンスがあるものは、せいぜい血圧や血糖値など5項目程度でしょうか。血圧や血糖値がものすごく高い場合は、将来的に健康状態が悪くなる確率が高いことが認められますが、それ以外の項目は、その数値が高すぎようと低すぎようと、本当に異常かどうかを証明するエビデンスはありません。つまり数値が良くても悪くても、あまりあてにはならないのです。

健康診断の数値のなかであてにならないものの代表といえば、コレステロール値の検査です。「コレステロールが高いと健康に良くない」という説がまことしやかに語られていますが、コレステロール値と健康状態の悪化を結び付けるエビデンスは、少なくとも日本人の調査においては存在しません。日本人に関していえば、コレステロール値が高い人の健康が、その後、悪化するかどうかは不明です。

受ける価値があるのは「心臓ドック」と「脳ドック」

なぜ診断結果と実態がリンクしないという本末転倒な事態が起こるのでしょうか。それは、日本では重篤な病気と健康診断の数値をリンクさせて、長期間にわたって行う追跡調査がほとんどなされていないからです。今、私たちの健康診断で出てくる数値を「良い、悪い」と判断する根拠は、先に挙げた相対評価のほか、食生活や人種、生活環境などが違う海外のデータなので、はたして日本人の健康に対してその数値が正しいのかは疑問の余地があります。

あらゆる検査のなかで、唯一、私が受ける価値があると感じるのは、心臓ドックと脳ドックです。この２つは、心筋梗塞やくも膜下出血といった突然死につながる恐れのある病気を発見するのに役に立つからです。心臓ドックで心臓の周囲を取り巻く冠動脈という血管が狭まっていることが発見された場合、その血管を広げれば治療することができます。

脳ドックにしても、ある程度の大きさの動脈瘤を早期発見できれば、カテーテルを用いてその部分を固める予防医療を受けることができます。

ただ、それ以外の検査については、数値が出ても、その数字が本当に健康に結びついているのかがわかりません。その数値に一喜一憂するくらいなら、あえて健康診断を受けないという選択をしてもいいのではないかと思います。それよりむしろ自分の体に自覚的な異常や変化を感じたときは、「どうせたいしたことないはずだ」と楽観するのではなく、早めに病院に行くほうが理にかなっているように思います。

薬漬け医療に拍車がかかる理由

年齢を重ねるごとに、多くの方は薬を飲む量が増えていきます。調剤薬局で薬を受け取る際、毎回、「こんなに量があるのか」とびっくりされる方も多いでしょう。実は、日本は薬大国で、医者は薬を出しすぎる傾向があります。

その最大の理由は、日本の医療は専門分化が進んでいるからです。昔なら大学病院でも「内科」一つだったのに、今は「循環器内科」「消化器内科」など細かく分類されています。専門のたこつぼ化が進んだことで、治療が進化する一方、現代では専門分化型医療によるデメリットのほうが目立ってきているのが実情です。そのデメリットの一つが「薬の出しすぎ」です。

なぜ病院で薬を出しすぎることになるのかというと、多くの医師が自分の専門外の分野については特化してトレーニングを積んでおらず、自信がないからです。

日本の医学部を卒業して、国家資験に受かり、医師免許を持っている人であれば、基本的には医学全般の知識を持っているので、自分の専門以外の患者を診療することは決して問題ではありません。だからこそ、よく「内科・整形外科」などと２つ以上の専門の科を掲げている病院があるのです。

しかし、いざ診療を通じて診断名が出たときに困るのが薬の処方です。だいたい一つの病気に対して標準治療として推奨される薬は２〜３種類あります。

さらに、人によっては、「実は喘息もあるんです」「胃潰瘍もあります」「血糖値が高いです」など別の病気を言われることもあります。その場合、３つの病気を持っている人ならば、９種類以上の薬を処方することに。

本来、そのなかから必要な薬といらない薬をより分けて、総合的に判断して薬を減らすべきですが、自分の専門ではない病気については、医師側もどの薬を削ったらいいのか判断がつきません。その結果、標準薬を処方せざるを得ないのです。

特に、患者さんが高齢になるほど、複数の病気を抱えていることが多いです。私自身、高齢の患者さんを診断するときは、専門以外の薬を処方することもありますが、できるだけ薬を減らすために薬に関する知識を常に調べるようにしています。ただ、残念ながら学会などに行っても、薬を減らす方法は教えてもらえません。むしろ新しい薬の効果を聞く機会のほうが多く、結果的に薬漬け医療に拍車がかかってしまうのです。

体調と向き合いつつ、薬と付き合おう

薬は症状をやわらげるための存在です。「この薬を飲んだほうが調子がいい」と思うのであれば、その薬を飲んだほうがいいのですが、「飲むと気分がだるい」など体

に不調を感じるときは、あえて飲む必要はないのではないかと私は思います。

私自身、慢性の下痢や胃痛に悩まされているため、胃薬と腸の薬だけで、朝、５種類ほどの薬を飲んでいます。ただ、これはあくまで「飲んだほうが楽だから」。

一方、私は高血圧と糖尿病の持病を持っています。血圧に関しては、薬を飲まないと２００を超えるほどの高血圧です。最初は薬を飲んで、正常値に近い１４０くらいまで血圧を下げたところ、頭がぼーっとしてしまって、どうにも調子が良くありません。そこで、今は薬を減らして、正常値よりもやや高めの血圧１６０〜１７０くらいでコントロールするようにしています。おそらくですが、動脈硬化で血管が狭くなっているため、血圧が多少高くないと頭まで酸素や糖分がいきわたらず、頭の働きが悪くなってしまうのではないかと思います。

しかし、多くの内科医は、血圧や血糖値が高いと、特に説明もなしに薬を渡します。でも本来は「血圧を正常に戻す薬をお渡ししたので、頭がぼんやりする可能性があるかもしれません」と説明するべきです。

日本の医療では、患者側に丁寧な説明が示されないため、患者本人に「頭がぼんやりした、だるい状態のまま天寿を全うしたいのか」、それとも「平均寿命より短命に終わっても、頭がはっきりした状態で残りの人生を送りたいのか」という選択肢を与えることもありません。

「薬が多すぎる」と思ったら医師に伝えよう

年齢を重ねた人が、若い人と同じ量の薬を飲むこと自体に、少し無理があると私は考えています。日本の薬は、飲む人の身長や体重などについてあまり考慮されていません。基本的には成人ならば、どんな体形、年齢の人でも症状に対してだいたい同じ量の薬を処方されます。普通の風邪薬にしても、身長が180㎝の20代の男性と、身長150㎝の90歳のおばあさんが同じ薬を処方されます。本来ならば、年齢や体の状態、体質などを考慮して、薬の種類、飲む量や回数を考えるべきですが、日本の医者はとにかく一日に大人数の診察に対応しなければならず、その暇がありません。ですので、診断名を思いついたら、それに対応する薬をほぼ自動的に処方するスタイルになっているのでしょう。

高齢者が若者と同じ量の薬を同じ頻度で飲むと、なんらかの負担が体へかかることが多いでしょう。たとえば、薬は飲んでから一定の時間がたつと薬の血中濃度が半減する「半減期」というものがあります。薬の注意書きなどに「1日に3回、8時間ごとに飲んでください」などと書かれているのは、その薬が8時間くらいで半減期を迎えることを意識しているからです。

しかし、高齢者の場合、薬の半減期が若い人に比べると遅くなる傾向があります。抗不安薬のジアゼパムは、若い人の場合は20時間ほどで半減期に至りますが、80歳くらいの場合は、半減期が80時間ほどに延びるため、若い人と同じように薬を飲んでいると、体内に薬がたまりすぎて記憶障害や脚のふらつきなどが生じます。

この場合は、処方通りに毎日薬を飲むのではなく、3日に1回か4日に1回くらいの割合に抑えたほうがいいのですが、そうした配慮をする医者は非常に少ないです。

「薬を飲んでから体調が悪い」と感じたら、おとなしく薬を飲む必要はありません。

「この薬を飲み始めてから、こうした症状があってつらいのですが」とすぐに医師に相談してみましょう。それでも、十分な説明もしないで薬を変えてくれないようなら、そんなヤブ医者の出す薬は飲む必要はありません。

第5章
「認知症、うつ病、ガン」を怖がりすぎない

「認知症＝かわいそう」は間違い

多くの日本人が抱える老後不安の最大のものの一つ。それは「認知症」ではないかと思います。

長年、高齢者に特化した精神科医として働いてきて、私自身が感じるのは、世の中には「認知症＝何もできなくなる悲惨な存在」だと思っている人が、あまりにも多いことです。個人的には認知症患者に対して、必要以上に悲惨なものだと考えるのは、間違いだと感じています。

たしかに、認知症になった場合、最終的には人の顔もわからなくなります。でも、病気になってから、最初の5年くらいについては、以前とほとんど人格は変わりませんし、知能もあまり落ちません。それまでと大して変わらない生活を送る人のほうが多数派です。

言い換えれば、初期の認知症はまったく怖くない。それを、過剰に怖がり、人生を悲観するのは非常にもったいないことです。

寝たきりの状態についても、「死んだほうがましだ」と考えている人は決して少なくないようです。これも、「寝たきりの状態＝何もできない」というイメージが先行しているせいでしょう。

たしかに元気なときと比べたら、もちろんできることは限られるでしょうが、人によっては「毎日大好きな詩を1編ずつ暗記する」など目標を持って生きている人はたくさんいます。こうした人々を見ていると、決して生きることに悲観しているわけではなく、残りの日々をどうやって楽しもうかと試行錯誤している人が多いように思います。

延命ばかりがすべてではないですが、「認知症になったら安楽死させてほしい」「寝たきりになったら死んでしまいたい」というのは、あまりにも高齢者を差別する発言だといえるでしょう。

また、周囲が「生かすほうがかわいそうだ」「治療を控えたほうがいいのではないか」などと勝手に決めつけるのは、少し暴力的ではないかとすら感じます。

ご自身の行く末はもちろん、親御さんの介護などで迷ったときは、ぜひ「認知症や寝たきりは決してかわいそうではない」ということを、忘れないでほしいと思います。

認知症でも活躍したレーガン大統領

昨今、認知症予防の様々なトレーニングが登場していますが、70代後半になると、8〜10％の人が認知症にかかります。そして、80代以降は認知症の比率はどんどん増えていきます。85歳以上になればアルツハイマー型認知症の変化が脳に現れない人はいません。どんなに脳トレを行ったとしても、誰もが年齢を重ねるごとに、軽度の認知症になります

なお、日本の認知症患者の6割を占めるのが、「アルツハイマー型認知症」です。アルツハイマー型認知症の特徴は、脳の神経細胞に老人斑や神経原線維変化が生じることです。脳内のβアミロイドが増えると、記憶をつかさどる海馬を中心に萎縮が目立つようになるとされています。「ついさっき何を食べたのか」「今日、誰に会ったのか」などの短期記憶に支障が出るようになり、知能も少しずつ低下していきます。

ただ、かなり認知症が進行しても、知的能力は残り続けるケースが多いです。

たとえば、69歳でアメリカの大統領となったロナルド・レーガン元大統領は、退任の5年後に自身がアルツハイマー型認知症であることを公表しています。発表した時点ではすでに会話にも支障が出ていたようなので、少なくとも発症から5年以上経過していた（その後の経過や93歳まで生きたことを考えると進行の速いタイプではないはずです）とすると、大統領の在任中もすでに認知症による記憶障害は起こっていたでしょう。

しかし、レーガン大統領は、認知症を患っていたであろう期間もアメリカ大統領として采配をふるい、歴史的な業績も残しています。言い換えてみれば、アルツハイマー型認知症であっても、大統領としての任務をこなせるだけの知力は残っていたということです。

認知症で「個性」が浮き彫りに

70代や80代になると、かなりの確率で誰の脳にもアルツハイマー型認知症の傾向は見られます。

数年前に、『渡る世間は鬼ばかり』『おしん』などで知られる脚本家の故・橋田寿賀子さんが「アルツハイマーになったら安楽死させてくれ」と発言して話題になりました。当時の橋田さんは90代でしたが、90代の方の6割以上がテスト上は認知症を発症しているので、もしあの発言があった時点で橋田寿賀子さんに記憶力テストをしたり、脳の画像診断を行っていたら認知症との診断が下った可能性はゼロとはいえません。

でも、晩年まで脚本家として活躍した橋田さんの業績を見てみても、彼女が持っていた作品を作り続ける素晴らしい創作能力に変わりはなかったことがわかります。現実には認知症にあたらないと考えるのが自然です。

このように、一言で「認知症」といっても、多くの方が思うよりも個人差の大きなものだし、病気の進行具合も変わってきます。

私が長年お世話になり、老年精神医学の師と仰いでいる竹中星郎先生は、「認知症は欠落症状に対する自分の人格の反応」だとおっしゃっています。

何か物を置き忘れたという欠落症状が起きたときに、もともと自分に厳しい性格の人であれば、「何でこんな失敗をしてしまうのだ」と落ち込むでしょう。また、他人に対して厳しい人であれば、「人が盗《と》ったのではないか」と誰かを責めるかもしれません。もともと性格が温和な人であれば、物がなくなってもさほど気にしない可能性もあります。このように、認知症になるとその人個人の個性が発揮されます。だからこそ「認知症はかかったら終わり」の病気ではなく、「自分の個性がより強調される症状が起こる」ということを、忘れないでほしいと思います。

会話を増やせば認知症予防になる

どんな人がアルツハイマー型の認知症になるのか。それは、遺伝的要因が非常に大きいようです。もし親がアルツハイマー型認知症になった場合は、その子どもも同じ認知症になりやすいといわれています。

なお、頭を日ごろから使わない人ほど、認知症になりやすいのは確かなようです。認知症にかかっていた患者さんたちを比較してみると、日ごろから頭を使っている人のほうが認知機能テストの点数が高いのもよくある話です。

では、「何が一番頭を使っていることになるのか」というと、最も効果が高いのは他人との会話です。会話は、相手の言ったことを理解し、瞬時になにかしらの反応を返さなければならないという非常に高度な知的作業なので、強制的に頭が回転するのでしょう。

声を出すこと自体にも、ボケ防止の効果があるように感じます。私の担当するアルツハイマー型認知症の患者さんに、長年、趣味として詩吟を続けている方がいるのですが、常に声を出すことが習慣づいているせいか、認知症の症状の進行が非常に遅いのです。詩吟ではなくても、カラオケや合唱など、声を出す趣味を持っておくことは、ボケ防止の良い手段になるかもしれません。

「脳トレ」よりも「楽しいこと」

昨今、認知症予防のために簡単な四則計算や数字のパズルである「数独」を解くなど「脳力トレーニング」を行うことが、脳に刺激を与えて認知症予防に役立つとの定説が広まりつつあります。

ところが、『ネイチャー』などの海外の一流医学誌に、これら脳トレの効果にまつわる調査結果が掲載されたところ、実は脳トレは認知症予防には意味がないことが明らかになっています。

その研究の一つであるアラバマ大学で実施された2832人の高齢者に対する実験では、言語の記憶や問題解決能力、問題処理能力を上げるトレーニングを実施した場合、課題のテストの点数は上がるものの、そのほかの認知機能に対する波及効果は見られず、点数は上がっていないとの報告がされています。簡単にいえば、勉強した課題に対するトレーニングにはなっているものの、脳全体のトレーニングには結び付いていないのです。

では、脳トレに代わる認知症予防として、何をすればいいのでしょうか。その一番の対策は「楽しいことをやる」ことだと思っています。楽しいことをやればやるほど、脳にはプラスの刺激が伝わります。

もし、「脳トレをすること自体が楽しい」という人であれば、そのトレーニングをやり続けることは脳に良い影響を与えるでしょう。でも「面倒くさいけど、認知症予防になると聞いているから」「退屈だけど、ボケ防止のためにやっている」というのであれば、むしろこれまで行ってきた日常生活を楽しみながら続けるほうが、認知症の進行を遅らせる効果があるように感じます。

日々の家事を楽しみながら、工夫する。仕事をしている人ならば、毎日その仕事を続ける。趣味でやっているテニスをそのまま続ける……など。

「認知症予防のために、何か特別なことをしなければならないのではないか？」と思う方も多いかもしれませんが、人間の日常生活は実に複雑です。その日常生活のレベルを落とさずに頑張って継続するだけで、十分「ボケの進行防止」になります。

日常生活が最高の認知症予防

先に挙げたように「日常生活を変わりなく過ごす」ことは、認知症の進行を遅らせる上で大きな予防になります。

私がそう考えるようになった理由の一つは、以前、介護保険制度が始まる前の１９９０年代に、浴風会病院で勤務しながら、茨城県鹿嶋市の病院へ月に２回診察で通っていた頃の出来事です。両病院に通いながら気が付いたのは、東京都杉並区にある浴風会病院よりも、鹿嶋市の認知症患者さんたちのほうが病気の進行が遅く、さらに症状も目立ちにくいということでした。

なぜ両者の間で差が生まれたのか。その理由について考えてみたところ、どうやらその違いは生活環境にあったようでした。

当時は介護保険が始まる前だったので、自宅介護が一般的でした。さらに、東京は交通量が多くて危なかったり、周囲の目を気にする人が多いため、杉並区で認知症になった高齢者は自宅から外には出さないように、ご家族の方がしてしまうケースが非常に多かったのです。

一方の鹿嶋市では、認知症であっても、高齢者のご近所散策は日常的に行われていました。道に迷ってしまったとしても、近所の人が「この人は木村さんの家のおじいさんだね」「このおばあさんは、田中さんのお母さんだ」などと判断して自宅まで連れ帰ってくれるので、大事になることも少なかったようです。漁師さんや農家さんの場合は、認知症の診断を受けたあとも、普通に仕事を続ける人が多く、日常が大幅に変わることはありませんでした。

このように「以前とあまり変わらない日常を送っていたこと」が、鹿嶋市の認知症患者さんの病気の進行を大きく遅らせていたのではないかと私は考えています。

現代では、認知症に対する理解がだいぶ進んだとはいえ、認知症が見つかると「外をうろついていて、帰れなくなるのではないか」「以前と同じように家事をやらせては、ボヤなどを出して危ないのではないか」などの不安が先立ち、つい周囲の人間が認知症患者の行動を過剰に制限しようとします。

でも、まだ体が動き、本人にもやる意欲があるのであれば、無理に行動を制限しないほうが認知症の進行を抑えることができます。今できる家事や仕事、散歩などの日常生活は、できる限り以前と変わらず続けること、あるいは続けさせることを意識してほしいと思います。

なぜ、ひとり暮らしは認知症が進まないのか？

ひとり暮らしをする高齢者、すなわち「独居老人」になることは避けるべきものだという風潮がありますが、決してそんなことはありません。私自身、独居を続けている高齢の患者さんを多数診ていますが、ひとり暮らしをしている人ほど、認知症の症状が進みにくいのです。

それは、ひとり暮らしをする以上、日々の生活で頭を使う機会が多いからです。

認知症で脳の機能が弱った部分があっても、ひとり暮らしを続けている以上は、いろいろな家事が必要になります。毎日、買い物に行って、料理を作り、皿を洗う。

認知症になるとひとりで生活できなくなるのではと思う方も多いですが、不思議なことに認知症になると生きるための防御反応は高まります。そのため、「自分で買い物に行って、食事を作らなければ死ぬ」ということを脳がよく認識しているのか、意欲がなくても買い物には行くし、お腹がすいたら料理を作ります。

また、余談ではありますが、「独居の高齢者は寂しいはずだ」と考えられていますが、孤独は必ずしも悪いものではありません。少し古いデータですが、福島県の調査では、2002年の自殺者の4割が高齢者で、その大半が家族と同居していました。独居で暮らす高齢者の自殺の割合は全体の5％以下です。

家族と一緒に暮らしていると「家族に迷惑をかけているのではないか」というような罪悪感に苛まれている可能性が高いのだと思います。

「人と交わる機会がなくてかわいそうだ」「独居は孤独でつらいのではないか」などというのは、世の中で多様性を認めない人々の思い込みだと私は思います。むしろ、「自分は人と一緒にいるよりも、マイペースに暮らすほうが好きだ」という人も少なくありません。

もしご自身がひとりでいるほうが好きなのであれば、「独居はいけない」との固定概念は捨ててもいいのではないかと思います。

認知症と間違われやすい老人性うつ

認知症と並んで、歳を重ねたときに気を付けなければならない病気が「老人性うつ」です。老人性うつは、非常に自覚が難しい。だからこそ、危険なのです。

たとえば、最近、食が細くなって、夜中に何回も目が覚めるというお年寄りの話を聞いたとき、あなたはどう思うでしょうか。あるいは、物忘れが始まって、その上、着替えもしなくなり、お風呂にも入らなくなったお年寄りの話を聞いたとき、どう思うでしょうか。

「年齢だから仕方ない」「おそらく認知症だろう」と思う方がほとんどだと思います。

しかしながら、これらは「うつ病」の症状なのです。

「もう生きていたくない」「早くお迎えがきてほしい」などというネガティブな発言を若い人がしていれば「これはうつ病の症状ではないか」と気付かれるものですが、

高齢の人が似たようなことを呟いていると「また気弱なことを言って。でもお年寄りにはよくあることだから」と見過ごされてしまうこともあります。

気力ややる気の低下も、若いうちであればうつ病の症状だと誰もが気が付きますが、高齢者の場合は、「歳を取ったのだから当たり前だ」と加齢のせいにして、本人すら自覚できないことも多いのです。

老人性のうつ病の存在は、あまり問題視されていません。それゆえに、今日もあちこちで自殺などの悲劇が生まれています。何より怖いのが、こうした事実を知らず、本人や周囲が「認知症かも」と誤診してしまうこと。認知症の場合、中期以降では本人はつらくないことが一般的ですが、うつ病は本人がつらい思いをしています。適切な診察を受けて、薬を飲むなどすれば良くなることも多いのに、高齢だから仕方がないと放っておくとどんどん悪化していき、次第に脳も変性して、今度は本当の認知症へとつながってしまうことも珍しくありません。

老人性うつを回避するには？

老いを回避することはできません。〝老人性〟のうつ病に関しても、予防は難しいと思われていますが、高齢者に不足しがちなたんぱく質をたくさん摂取して、太陽の光によく当たる、適度な運動を毎日して、入浴の際は湯船に浸かるといった、体のケアによって予防になるというのが私の考えです。

心の病の場合、病気とそうでないものの切り分けがとても難しいものです。先述した通り、認知症であるのか、それともただの加齢であるのか、判断が付きづらいため、その病気の「疑い」は本人の自覚や、その周囲の人の印象によって左右されてしまいます。そのため、認知症だと決めつけて病院に行き、治療を受けていたが実はうつ病だった、といった悲劇が起こりうるのです。

ある程度、高齢者を専門にしている医師を選ばないと、誤診を受ける可能性もあります。自分の親がうつ病だという疑いが出たときに、どこの病院にかからせるかといった病院選びは事前にしておいたほうが賢明です。

なお、若い人にはあまり効果がないとされる抗うつ剤ですが、高齢者に関してはかなり効果があると私は考えています。セロトニンやノルアドレナリンを増やす薬を投与すると、記憶力が回復したり、寝つきが良くなったり、やる気が起きたりという効果が出る人が多いのです。いきなり精神科に行くのはハードルが高いかもしれませんが、「やる気のなさ」や「記憶力の低下」を感じたら決して軽視せず、一度「高齢者のうつ病」を疑ってみてください。

70代でうつ病になりやすい理由は「周囲との差」

アメリカの老年医学の教科書によると、65歳を過ぎてうつ病を患う人は5％に上るといわれています。

60代以降、うつ病リスクが上がるのは、非常に納得できる話です。本書でも何度かお伝えしていますが、60代以降は若いときよりも様々な面で個人差が非常に広がってくる年代でもあるからです。

たとえば、現在77歳の吉永小百合さんのようにいつまでも若々しく美しい上、社会的にも活躍している人もいれば、寝たきりになって自由に動くことすらままならない人もいます。それが、シニア世代です。

70代は世代全体の10％が認知症になる一方で、残りの9割の人は頭が中高年の人と大して変わりません。また、外見にしても若いときと変わらずに背筋がぴしっと伸びている人もいれば、すでに車いす生活に突入している人もいたりと、健康な人とそうでない人の差が顕著に出る世代です。

仕事にしても、定年退職して家で隠居生活を送る人もいれば、いまだに社長や専門家として活躍し、その業界の権威として辣腕を振るう人もいます。

そのため「あの人に比べて自分は生きている価値がないのではないか……」と引け目を感じやすい年代ともいえます。

一方、自分は健康であっても、同級生の病気や死などを垣間見る機会が増えていくため、「自分もああなってしまうのではないか」という恐怖感を抱いてしまうことも。こうした感情が積もり積もってうつ病を患う人は少なくありません。

60代は「喪失体験」が多い時期

60代以降の人がうつ病になりやすい理由の一つは、愛する対象を失いがちな時期であることも関係しています。

精神医学ではうつ病を患う最大の要因は、愛する対象を失ったときだと、長い間いわれてきました。親や配偶者の死は、人生における最大の喪失体験になります。60代以降は、親が80代、90代を迎え、親の死と直面することの多い年代です。配偶者の不慮の死は、それよりは少ないですが、ショックの度合いははるかに大きなものです。

また、もう一つの大きな喪失体験となるのが、定年です。

精神科医の間では、「定年後にうつになる人が非常に多い」というのは、よく知られた話です。

特に日本の男性は、仕事を通じた人間関係が非常に濃密に作られています。お酒を飲む相手も、ゴルフに行く相手も、麻雀をする相手も、すべてが会社に関係した人間関係であることが多いため、定年退職した途端に人間関係を失ってしまう人が少なくありません。こうした喪失体験で心にダメージを受けて、うつ病につながってしまうのです。

また、仕事を通じて、自分の存在を認めてもらったり、仲間意識を抱いたりすることが多いので、会社を離れることで、自己愛が満たされずに気持ちが落ち込んでしまうケースもあるでしょう。特に、管理職や役員などの高い地位にいた人ほど、会社内で丁重に扱われることが多かったので、会社を辞めてそのような人間関係をすべて失ってしまうと、「社会から相手にされていない」「無視されているのではないか」と絶望感を抱いてしまいやすいのです。

会社以外の人間関係を60代から作っておこう

60代のうつ病を避けるために、まず意識してほしいのが職場以外の人間関係を育んでおくことです。

会社の仕事が忙しかったとしても、定年後にやりたい趣味をリサーチしておいて、事前にそのサークルに加入しておく、あるいは、地元の町内会に入って役員になったり、ボランティアなどに参加したりしておくのもいいでしょう。そのほか、英会話スクールに行ったり、カルチャースクールに通ったりして、新しい人間関係を構築するのもおすすめです。なんらかの「会社以外の居場所」を作っておくことで、会社を辞めたときの喪失感を回避することができます。

自分の居場所を新たに作る場合、できれば60代の時点からスタートしてほしいと思います。本書でもお伝えしてきましたが、70代以降は前頭葉の働きがかなり弱まっているので、柔軟性が減り、新しいことを取り入れることに少し困難が生じるからです。60代から始めて基礎を作っておけば、70代、80代になっても継続してその人間関係を育めます。

もちろん「もう70代だから、チャレンジするのは諦めよう」と思う必要はありません。ゼロからチャレンジしたいことがあるのであれば、ぜひ挑戦してみてほしいと思います。そのほうが、前頭葉も活性化するし、新たな知見を得られるはずです。

資格を取得するのもいい

人間は自分を尊敬してもらえる場があると、心が穏やかになるといわれています。いつまでも大切な存在として扱ってもらうために、自分の市場価値を高めましょう。そのためには、自分の現在のスキルをアップさせるのもいいですし、新たに資格を取得するのもいいでしょう。

かつて、私が国際医療福祉大学の大学院で心理学の教員をしていた頃、毎年２～３人ほど、大手企業を定年退職したエリート社員の方々が、臨床心理士の資格を取得するために入学してきました。

臨床心理士に年齢は関係ないので、新たに取得して、生涯の仕事にするには決して悪い資格ではないと思います。

そのほか、私がおすすめしたいのは、放射線管理の資格取得です。

東日本大震災のあと、私は福島第一原子力発電所の廃炉作業に従事する方々のメンタルヘルスケアを行っているのですが、その方々から聞くと放射線管理の資格を持っている人は非常に少なく、常に人手不足なのだとか。放射線管理に限らず、安全管理系のお仕事は、法律で一定以上の人数の職場には必ず必要とされるため、常に引く手あまたな状態です。なかには数日の講習で取得できるものもあるので、「定年後も自分の価値を高めたい」「周囲から必要とされる仕事がしたい」と考える人には、うってつけだと思います。

「新たに資格を取るのは荷が重い」という方には、ボランティアをおすすめしたいと思います。地域のボランティアに参加するのもいいですし、自宅で子どもに勉強を教えたりするボランティアもいいでしょう。他人の子どもだと気が重いという場合は、自分の孫の面倒を見たりするだけでも、十分感謝されます。

ガンは治療しなければ「理想的な死に方」

そして、最後にこの章で取り上げたいのが「ガン」についてです。

日本人の3分の1の死因となる「ガン」ですが、私が医師として思うのはガンによって亡くなるのは、割と良い死に方だということです。

いまだにガンが発生するメカニズムについて完全には解明されていないのですが、現在の研究では「細胞のミスコピー」を原因とする説が有力になっています。つまり、人間の体とは細胞がその人固有の遺伝子の情報に基づいて同じ細胞を再生産し続けることによって形作られているのですが、再生産の繰り返しのなかで前の細胞を正確にコピーできず、「ミスコピー」が生じることがガンのもとになるのだ、という考え方です。

そうしたでき損ないの細胞は、若いうちはＮＫ細胞（ナチュラルキラー細胞）と呼ばれる免疫細胞が殺してくれるのでガンにならず済むのですが、40代や50代になるとＮＫ細胞の活性度が若い頃の半分ぐらいに落ちてしまいます。

一方、でき損ないの細胞は歳を取るほどたくさん生成されるため、高齢者ほどでき損ないの細胞が体に残りやすく、ガンになりやすくなるというわけです。

ということは、ガンは老化現象ともいえるものです。実際、私のいた浴風会病院での解剖結果では85歳以上でガンのない人はいないとされていました。

ガンは治療をすると非常に苦しい病気ですが、治療さえしなければ、死ぬ数か月くらい前までは元気に過ごすことができます。自分の余命が見えるという意味では、「どうせ死ぬんだ」と開き直って、好きなことにまい進することもできます。

QOLを重視するか、寿命を重視するか

ガンと向き合うとき、まず考えるべきは「いかに苦しい思いをしてでも、1秒でも長生きしたい」のか、もしくは「残りの人生は短くなるけれども、楽しく過ごしたい」のかという選択肢だと思います。

たとえば、「絶対に苦しみたくない」という人であれば、ガンは治療しないほうが望ましいです。多くの人は「ガンは苦しいものだ」と思い込んでいますが、その多くは治療するから苦しいだけで、治療しなければ死ぬ直前までは普通の暮らしを送れる病気です。逆にいえば、あまり顕著な症状が出ないからこそ、手遅れになるまで見つからないことが多い病気ともいえます。

若い世代ならば、まだ体力もあるし、余命も長いので、手術なり抗ガン剤治療なりを受けるべきかもしれませんが、60代以降であれば、体力も落ちているので、ガン治療に耐えるのはかなり試練の連続でしょう。

60代で「ガンで余命はあと1年ほどです」と言われた場合、治療でどんなに頑張っても、おそらく余命は2年程度しか持ちません。1年を2年に延ばす治療となると、抗ガン剤は必ず使われるでしょう。強い抗ガン剤を使うと体の自由はきかなくなりますし、手術によって体の機能が損なわれることもあります。また、莫大な治療費も必要になる上、心身共に手術や薬の副作用でかなり苦しい暮らしを強いられるでしょう。

また、治療が始まった途端にＡＤＬ（日常生活動作）もＱＯＬもガクリと下がります。食事もできず、体の痛みも激しいため、以前と同じ生活を送るのは非常に困難になるでしょう。

いずれ80代になったらほかの病気で死ぬ可能性も高いなか、ガンが発覚して「あと余命は3年です」「あと5年です」と言われたときに、おいしい食事や楽しい旅行なども、まったく楽しめない状態で余命を生きるのがいいのか。はたまた、残り数年間でもいいから好きに生きるのがいいのか。ご自身の価値観とじっくり向き合ってほしいと思います。

第6章

嫌な人と付き合うよりは孤独でいい

パートナーとの向き合い方の見直し

今後の家族関係を考える上で、パートナーとの関係の見直しは、60代ぐらいで一度検討するべきでしょう。

昭和の時代から比べると「熟年離婚」は飛躍的にその割合を増やしています。その背景には、年金の分割や女性の社会進出などがあり、それ自体は危惧するものではありません。

むしろ知っておくべきなのは、男女の体の仕組みの差です。第3章でも触れたように、男性は加齢によって男性ホルモンの分泌が減り、どんどん意欲を失っていく一方で、閉経後の女性は男性ホルモンが増えるため、むしろ元気で社交的になっていくケースが多いのです。

そういった身体的な差に加えて、現在では年金が夫婦単位ではなく、分けられるようになった上、仕事の意欲のある熟年層を雇う業界・職場はたくさんあります。そうなったら、子どもや生活のために我慢してきたことを我慢しなくてもよくなるので、苦しみながら一緒にいる必要はもうありません。

昔に比べ、男性も女性も、熟年になってからのパートナーを探すことはそれほど難しいことではなくなってきました。お互いがそれぞれ次の道を見つけられるのであれば、私はむしろ熟年離婚はいいことであるとさえ思っています。

結婚は2度するくらいがちょうどよい？

私個人の考えとしては、結婚関係を続けるか否かを考え、2回目の結婚を視野に入れて人生設計を検討してもいいと思っています。

一度目の結婚はいわゆる「結婚適齢期」、つまり子どもを作る年代にすることが多いため、夫婦は子育てという作業をする同志でもあり、ある意味、社会的な意味の強く出る結婚といえるでしょう。しかし、その子どもが独立し、自身も定年退職をしたという頃になったら、2人だけでの生活が始まるので、お互いがそれでも一緒に結婚関係を続けていけるかを考えていいときだと思います。

お互いがお互いの介護をする覚悟はあるのか、子どもがいなくてもふたりだけで最後まで添い遂げる覚悟はあるのか、そういったことを自問自答するちょうどよいタイミングなのです。

「会話はあるのか」を基準の一つに

結婚関係を続けるための一つの指標として、夫婦の間にどれだけ会話があるかという点が挙げられます。たとえば、相手が自分の愚痴を聞いてくれるか、そして相手も愚痴やその日あったことを話してくれるか、そういった時間をどれくらい作れているか、ということを思い返したときに、一方的ではなく対話がきちんとなされているでしょうか。

また、定年退職したあとも、子ども抜きでふたりが出かける関係を築けているでしょうか。そのように、お互いが楽しめる関係が保たれているのであれば、当然その婚姻関係を続けるべきですし、それ自体がお互いを若々しく保ち、精神的にもよい働きがあるといえるでしょう。

しかし、一方だけが楽しんでいる、お互い一緒にいるのに苦しいことしか感じられない……そんな関係を無理して続けなくてもよいのです。

子どもに介護を期待しない

60代以降の家族との付き合い方を論じる上で、避けて通れないのが「介護」と「子ども」の問題です。

日本という国では、欧米に比べて、自分の親が認知症や要介護になると、とても面倒見がよい人が多いです。施設には入れようとせず、在宅介護で一生懸命、介護しようとします。美徳のようでもありますが、実は非常に封建的な一面といってもいいでしょう。

その半面、日本は親が元気なうちにコンタクトをする回数においては、先進国のなかでは最も少ない国といっていい状況です。

たとえば、欧米では、もっと密な親子関係が一般的です。海外ドラマなどを見ても、大人になっても「ママ」にはずっと頭が上がらなかったり、スープの冷めない距離に住んでいたり、親の家でパーティをしたり……。多い人では週に一回、少ない人でも月に一度くらい、親と食事を共にすることも海外では珍しいことではありません。

でも、日本でそれほど密な親子関係を築くと、マザコン・ファザコンといった依存関係を疑われるでしょう。夫が週に一度、母親に連絡するだけでも、マザコンだと言いきってしまう女性も少なくないでしょう。

日本では、ふるさとは遠くにあって思うもの。親に会うのは盆暮れ正月くらいのものので、実家に帰ることも少ないため、子どもに対しては、自分が元気なうちの「親孝行」は期待できないものと考えたほうがよいでしょう。

日本の場合は、親孝行をしたいと考えたとき、すでに親は要介護になっているケースが多いものです。長い間、ほったらかしにしていた罪悪感から、挽回するために介護を頑張る風潮があるのだと私は思っています。

子どもが結婚しないと面倒、しても面倒

子どもが親と距離を置くのは、あくまで結婚したあとのこと。結婚してしまうと、子どもの配偶者の意見が強くなるため、途端にコンタクトが少なくなりますが、子どもたちが結婚していない期間は、親とのコンタクトは一定に保たれるケースが多いようです。

しかし、結婚していない場合は、それはそれで心配が尽きません。「子ども部屋おじさん」という言葉が生まれたように、実家を出ずに子ども部屋で30代を迎える成人男性・女性も現代では珍しくありません。

家賃はかからないし、たとえフリーターをやっていたとしても、趣味に没頭するくらいの余裕はできます。親は子どもがかわいいものですから、自分のところにいてほしいがゆえに、だんだんと独立を先延ばしにしてしまい、不思議なパラサイト関係が生まれてしまうこともあります。

子どもの「介護離職」は絶対に止めるべし

いびつな親子関係が生まれやすい現代で、私が懸念するのは、親が要介護状態になったときに子どもが簡単に仕事をやめてしまう、いわゆる「介護離職」です。

性別関係なく起こりうる介護離職は、自らもそこそこ貯金があり、親の年金や蓄えがあるので、その範囲で生活ができてしまうからこそできることです。

親にとってはうれしいことかもしれませんが、よく考えていただきたいのは、子どもの「その後」です。毎日するべき仕事があると、ある種、心の支えになるものですが、それが親の介護だった場合、親の死によって、その仕事が突然なくなってしまうわけです。

つまり「介護」という生きがいと、「親」という大切な存在を、同時に失ってしまうのです。

失ったあとの穴を埋めてくれる存在は、実は簡単には見つかりません。なぜなら、年齢が上がれば上がるほどに、離職からの再就職は簡単なことではないからです。もちろん、経験を活かして介護職に就くといった道はあるかもしれませんが、基本的にやってきた仕事を手放させてまで自分の介護をさせるのは、親のエゴでしかありません。

さらに、親の介護を始めると、自分の親ゆえ、「何もかも完璧にやらなくては」と、神経質なまでに完璧主義に陥ってしまう人が多いのも気になる点です。

そもそも完璧な介護なんて、ひとりでできるわけがありません。その先に待っているのは、どちらかが音を上げるか、最悪の場合は共倒れもあり得ます。介護疲れから親を自らの手で殺め、自分自身も死んでしまうという悲痛なニュースもかなりの数で生じています。

介護については、ひとりで抱えずに、なるべく多くの他人の手を介したほうが、子ども自身の負担を軽くすることができます。

残される子どものことを気遣うのであれば、いかに子どもの負担を軽くし、楽しい思い出を一緒に作れるかを第一に考えたほうがよいでしょう。

「施設介護＝悪」という考え方を捨てさせよう

自分の親を自分で看取る、という姿勢は立派ではありますが、残念ながら公的介護と個人での介護のクオリティは比べ物になりません。

「親を老人ホームに入れるのはかわいそうだ」と、まるで介護施設を利用するのを悪いことのようにいう風潮はまだまだありますが、排泄の処理などをはじめ、「自分の親だから・子どもだから」こそ、たまらないことも起こりうるものです。施設介護では家族間で陥りやすいゴタゴタや感情のもつれを、ある意味「ビジネスライク」に他人が引き受けてくれるので、介護する側もされる側も心の負担が少なくなります。また手慣れたプロがやったほうがうまくいくことも多々あります。

一方、介護のすべてを子どもが引き受ける人がいる一方、親をホームに入れたらそれっきりになってしまう人もいるように、二極化しています。私自身が長年高齢患者さんたちと向き合って、その様子を観察してきたところでは、頼れるところは施設や公的な介護サービスに頼り、子どもは月に数回、親に会いに行く程度が、お互いにとってよいかたちだと思います（今はコロナでそれが難しくなっているのが残念ですが）。

子どもが多く、面倒を見られる人がたくさんいたとしても、施設や公的サービスに頼ることは大切です。子どもが何人かいる家族が他人の手を借りずに親を介護する場合、自宅で介護を行う側と、たまに来て様子を見る側にどうしても分かれてしまいます。

すると、どうしても負担の違いから、様々な見解の相違が生まれます。たとえば、普段介護をしている側は、親がいろいろなことができなくなるさまを見て悲観するけれども、たまに来る側は親がまだできていることだけを見ているので、楽観的になりやすく、そこに摩擦が生まれることもあります。

介護に伴う労力的負担や経済的負担も、当然、家族の分断に拍車をかけます。のちの家族不和の原因を作らないためにも、自分自身が「施設に行く」と決断する勇気も必要かもしれません。

家庭内介護で起きる「介護虐待」

日本で介護者が施設で高齢者を虐待すると、すぐにニュースになります。なぜかというと、福祉施設における高齢者の虐待はニュースになるほど珍しいことだからです。ただ、こうしたニュースのインパクトが強いがゆえに、「高齢者施設に親を預ける＝悪いことである」という印象が強まっているのでしょう。

しかし、厚生労働省の発表によると、2020年度の介護従事者からの虐待は2097件で、家族や親族からの虐待件数は1万7281件と、家庭内の虐待のほうが圧倒的に多いのです。アンケート調査では在宅介護者の4割が虐待をしたことがあると答えているくらいですから、実数はもっと多いはずです。また、全国的にも、家族による高齢者の虐待件数は増加傾向にあります。

「虐待」の内容としては、ひどい言葉を投げつける、ひっぱたいてしまうといったものから、タバコの火を押し付けるようなものまで様々です。

日本で親を施設に入れることは「かわいそうだ」と言われることが多いのですが、

むしろ在宅介護を選んだほうが、「かわいそう」なことが多くなるのです。

子どもに在宅介護を任せるということは美談のように思えますが、現実は厳しいもの。「うちに限って、そんなことはあり得ない」ということは、やや甘い考えといえます。なるべく双方が心身共に負担が軽くなる道を選べるように、子どもとよく話し合ってみてください。

嫌な人と付き合うくらいなら孤独でもいい

「夫婦」「親子」と同様に役割に縛られるがゆえに、無理して関係を続けるべきではないのは友情関係においても同じです。

友達はとても大事なもので、配偶者には見せたくないような面でも受け止めてくれます。いい距離感を持てている友人であれば、それは一生モノのお付き合いをするべきでしょう。

整理すべきなのは、これまで惰性やしがらみで付き合っていた人たちです。

たとえば、仕事の上で業務を円滑にするために友達のような関係を築いていた人や、ママ友のように子どもがいたからこそ仲良くしなければならなかった人たちと、老いてからも無理に付き合う必要はありません（もっとも、そのような関係は自然と切れていくものではありますが……）。

まず、大前提としては、老後も誰かとの人付き合いを維持するに越したことはありません。心身共に老化予防になりますし、メンタル面にもよい影響が多いといえます。ただし、義務感で仕方なく付き合っていたような人がいるのであれば、逆にストレスやうつ病の原因になりえます。

自分にとって余計な人間関係は維持しなくてよいのです。昔の上司や先輩との付き合いを続けている人も多いかもしれませんが、昔と違い、そこには金銭が発生しません。ときがたってみれば友情関係も生まれているかもしれませんが、そうでない場合、無理して付き合う必要はありません。

ストレスを感じる人間関係ならば付き合いを控え、新たな人間関係を開拓するほうが、人生は幸福に生きられます。

自殺者が予想外に増えなかった　コロナ禍に証明された「孤独の価値」

孤独を欲している人は、少なくありません。その事実を痛いほど教えてくれたのがコロナ禍でした。

コロナ禍になって外出自粛が叫ばれ、人との接触機会が減り、多くの人が「孤独」と向き合うことになりました。外に出なければ太陽の光を浴びないのでセロトニンの分泌も進まないし、他人に会って愚痴をこぼす機会も減ります。景気も悪くなるので、経済的にも苦境に立たされる人はきっと少なくなかったでしょう。

まさに、自殺が増える要素のオンパレードです。私は「コロナ禍によって、例年よりも自殺者が１万人以上は増えてしまうのではないか」と危惧していました。１９９８年から２０１２年という14年間にわたって、日本の自殺者数は毎年、３万人を上回っていました。それ以降は２万人台になって自殺者数も減り続けていましたが、コロナ禍によってこの３万人を上回る数字が出てもおかしくないと思ったのです。

しかし、ふたを開けてみると、自殺者数は昨年よりも750人多いだけの2万919人でした。コロナ禍の影響でもっと自殺者が増えてもおかしくないはずなのに、予想よりも自殺者が少なかったのはなぜなのか。その理由は、テレワークにあるのではないかと私は思っています。

人がストレスを感じる要因の9割は、人間関係に起因するものだといわれています。テレワークやオンライン授業によって、会社内や学校内における対人関係のストレスが減ったからこそ、自殺者は大幅に増えなかったのではないでしょうか。そう考えてみると、今の世の中、「孤独はいけないこと」だと思われていますが、過剰な人間関係よりは孤独のほうが価値はあるのではないでしょうか。満員電車に毎日、揺られて、好きでもない人と一緒に仕事をして、ときには怒鳴られたりしながらなんとか歯を食いしばって耐える生活よりも、未知の病気におびえつつも通勤のストレスや対人関係のストレスがほぼ消えた生活のほうが、精神的にはよかったのではないでしょうか。

孤独は避けるべきものではない

孤独が避けるべきものだと思うのは、ある種、私たちの勝手な価値観だと思います。

多くの人は、周囲から人が離れて、自分が孤独になったとき、「これはいけないことではないか」と思いがちです。でも、周囲の人間関係がなくなったとたんに、スカっとさわやかな気持ちになって、自分の人生と向き合い始める方もいます。

孤独になれば周囲からいろいろ言われる機会も減るので、いよいよ第二の人生として自分の人生を謳歌し始めるケースもあるようです。「人と仲良くしなければならない」「うかつなことを言わないように、周囲の人に合わせなければならない」というのは、ある種、我々の勝手な思い込みなのかもしれません。

また、先述した通り、60代以降は「性格の先鋭化」が顕著になります。「実はひとりのほうが気楽だった」という人は、もっとひとりを好むようになります。だからこそ、60代以降の人間関係は「したい人だけすればいい」と思います。人とコミュニケーションをとると疲れてしまうならば、無理する必要はないのです。

第7章

お金を使うほど幸福感は高まる

「老後資金2000万円不足」のウソ

現代を生きるほぼすべての人が抱えているのが、老後における「金銭的な不安」です。その不安を助長するように、2019年に金融庁が発表した報告書からメディアが取り上げたのが「老後資金2000万円問題」です。

ただし、この「老後は2000万円の資金が不足する」という報道は、実は大きな勘違いによって成り立っています。

まず、この報道が出たのは、金融庁が発表した報告書の中で、「2017年」の高齢夫婦無職世帯の平均収入から平均支出を引くと毎月5・5万円（＝30年間で2000万円）不足するというケースが取り上げられたことです。これが転じて「2000万円貯金が必要」という話になりました。

しかし、これはあくまで2017年の平均値から算出した金額であり、その平均値だけを取り上げて、すべての人に当てはまる事例だと解釈することにはまったく意味がありません。また、30年という年数に関しても、かなり寿命を長めにとっているため、多くの人に当てはまらないともいえます。

にもかかわらず、「老後の資金は約２０００万円不足しているので、貯金をしておく必要がある」という話がひとり歩きして、人々の不安を掻き立てているような気がしてなりません。

情報をきちんと精査する重要性はもちろんですが、２０００万円という金額が本当に不足するとしても、冷静に考えればさほど心配するには値しません。たとえば、老後に年金をもらいながら年収３００万円の仕事を6～7年続ければ、２０００万円という金額を蓄えることは可能です。

また、長年会社員として働いて厚生年金を払ってきた人であれば、特別養護老人ホームで個室にも入れますし、万が一、寝たきりにでもなっていれば、お金がかかるところはおやつ代くらいしかありません。もし、有料老人ホームに入るとしても、今の相場であれば、月に25万円程度です。厚生年金にプラスαがあれば、十分に支払える額だといえるでしょう。

ですから、若いうちにいろいろなことを我慢して、無理して貯金２０００万円を作る必要はありません。不安を不安のまま放置すると、余計に不安が掻き立てられます。

金銭的なことであれば、「自分の人生にはどのくらいの費用が必要なのか」「不足分はいくらなのか」を一度計算して、その対処法を考えるだけでも、不安はやわらいでいくはずです。

心配しないために「働き続ける」選択肢

年金の受給年齢はどんどん引き上げられる傾向にありますし、調べれば調べるほど、ネガティブな情報ばかりが出てきて不安で夜も眠れないというお話もよく聞きます。

しかし、安心できる材料もたくさんあります。たとえば、ほとんどの勤め人が定年を迎える60代で、貯金が足りなかったとしても、そのときに雇用がないのかといわれれば、そうでもありません。年齢不問で働いてくれる人を受け入れてくれる慢性的な人手不足の職業は存在しています。

その最たるものが、介護業界です。厚生労働省は2025年に、約280万人の介護人材が必要になり、約30万人の介護人材が不足する、との推計を発表しました。

介護職員になるための初任者研修（旧ヘルパー2級）は、総研修時間130時間の講習を受けて修了試験に合格すれば（そう難しいものではありません）、どなたでも取得することができます。資格さえ持っていれば、雇ってもらうのは難しいことではないでしょう。給料が安いといわれている業界ではありますが、年収300万円くらいは期待できます。60代ともなれば、家のローンを払い終わっていたり、子育ても終わっていたりする人が大半でしょう。さらに年金受給年齢を迎えた人であれば、追加収入にもなります。

年収300万円でも、年金を満額もらえる人であれば、月50万円の収入になります。また、60代で定年退職になった方は、介護業界からするととてもありがたい存在です。まだ体力も力もあるので、とりわけ男性は現場の仕事において重宝されます。

さらに、介護の仕事は一定の職種で5年間の実務の経験があれば、ケアマネジャーの資格試験の受験資格を得られます。ケアマネジャーになることができれば、デスクワーク中心になるため、体力が落ちても続けやすい仕事になります。ケアマネジャーになったとしても給料が高いといえるほどではないかもしれませんが、先述した通り、老後の生活にはありがたい収入ですし、仕事を通じて、老いていく自分の将来についても様々な貴重な情報を得られるメリットもあります。

もちろん、経験を活かした仕事に就ければ、それに越したことはありません。求人情報を普段から眺めていると、思わぬところであなたを必要としている仕事が見つかるかもしれません。

なお、年齢不問の売り手市場は、常に変化していくものです。このような世の中に関しての情報収集は、常にアップデートを忘れずに。

テレビや雑誌の特集、ネットの情報などは取捨選択の必要性はありますが、どれもある一定の信頼性はあるものです。本屋さんをマメに覗《のぞ》いてみたり、気になることがあれば、すぐにネットで調べる習慣をつけること。これが何よりの自衛策かもしれません。

介護保険の利用をためらう必要はない

もし、老後に突入し、「体を壊してしまい、働けなくなった」という場合、ぜひ活用してほしいのが介護保険です。

介護保険料は40歳以上ならば収入から天引きされています。65歳以上になると、基本は年金から天引きされています。長年にわたって払い続けてきた保険なのですから、利用しないのは損です。

本来ならば、払った保険料の分はきちんと使い倒すべきなのに、その使い方を知らない人が非常に多いというのが、私の感覚です。

たとえば、介護保険は加入者が認知症になったからといって、自動的に受けられるわけではありません。

利用するには、自分の住んでいる市区町村の高齢福祉課などに行って申請するなど、一定の手続きを踏む必要があります。介護保険を申請しなければ、いかに重度の認知症になったとしても１円も保険はおりません。

収入から自動的に天引きされていたのだからこそ、認知症になったら医療保険と連動して自動的にサポートを受けられればいいのですが、日本のシステム上、基本的には自分が動かない限り、国は勝手に動いてはくれません。

多くの人は家族が認知症だと診断されたあと、医者から薬をもらいながら、介護を始めます。そして、何とか独力で介護に向き合ったあと、疲弊しきって福祉施設などに相談へ行くことになります。そこでようやく「介護保険というものがあるので、これを使うとサポートが受けられますよ」と教えてもらい、申請を始めるパターンが非常に多いのです。早く介護保険の存在や手順を知っていたならば、しなくてもよい苦労がたくさんあったのではないかと思うことも多々あります。

介護保険を早めに利用すべきシチュエーションは、決して認知症だけではありません。

足腰が弱ってきた人がいたならば、介護保険を利用すれば自宅に手すりなどを設置する補助金を受けることができます。でも、介護保険を知らなかったがゆえに、足腰が弱っているのに無理してこれまでの住居に住み続け、転倒して骨折、挙句の果てには寝たきりになってしまうという方も少なくありません。こうした危険から自分の身を守るためにも、自分に万が一の事態が訪れたとき、どんな対策を取れるのかを頭も気力も体も万全なうちにぜひ考慮してほしいと思います。

生活保護は「無収入」じゃなくてももらえる

老後の資金がどうしても足りなくなったとしても、最終手段として国が取り決めているセーフティネットに「生活保護」があります。

多くの方が抱いている誤解の一つは、「生活保護は少しでも収入があったり、持ち家のような資産があるともらえないものだ」というものです。

でも、生活保護は無収入でなくても受給できます。たとえば、国民年金をもらっているとしても、もし生活保護の標準金額よりも年金収入が少ない場合は、生活保護は受けられます。個々人によってケースは変わってくるため、一概に金額をお伝えすることはできかねますが、持ち家があったとしても生活保護を受けられるケースは存在します。

そのほか、生活保護を受ければ、生活費の受給以外にも多数の福祉サービスを利用することができます。医療費や介護保険の自己負担分もなくなる上、自治体によっては公共交通機関の無料パスなどを受給できることもあります。

ただ、生活保護は「申請してもなかなか受給しづらい」というイメージを持つ人も多いようです。それはおそらく、申請をしようと役所の窓口に行っても「ほかに生活を援助してくれる人がいるのでは」「別の制度を使ってはどうか」「頑張って働くことができるのではないか」などとなんらかの理由をつけて断られる「水際作戦」が行われがちだからでしょう。でも、高齢になってからの生活保護申請については、要件を満たしている限り、役所から申請を断られることはほとんどありません。

「自分の条件では生活保護を受給できないかもしれない」と心配せず、安心して申請してください。

いくら税金を払ってきたかを計算しよう

メリットの多い生活保護ですが、「生活保護を受給するのは恥だ」「生活保護を利用するのは悪いことだ」と考える方は非常に多いです。

このように生活保護には、ネガティブなイメージが付きまといますが、「受給＝迷惑をかける」と思うほうが本来はおかしいのです。

これまで、自分がいくら税金を払ってきたかを計算してみてください。

欧米は特にその傾向が強いのですが、税金は「払った以上は元を取る」という感覚で払うものです。日本よりも消費税が高い国はたくさんありますが、国民は高い税金を払う代わりに教育費や医療費がタダになったり、生活保護が手厚くなったりするとわかっているため、「払った分だけ元を取れる」という感覚があるから反対しません。

国のセーフティネットがあるからこそ、「貯金を頑張らなくてはならない」という意識も薄く、日本と比べて消費も盛んになります。

私にいわせれば、日本の税金は「年貢」に近いものだと思います。元を取ろうとするだけで「迷惑をかけている」と政治家やマスコミが言うからです。当然の権利を放棄させようとするのは、もはや封建時代ではないかとの感想が否めません。

どんなに貧乏な暮らしをしてきた人でも、消費税をずっと払い続けてきたわけですから、それを返してもらうことに抵抗を感じる必要はありません。

税金が不正に使われたら、諸外国ではきちんと説明をするまで許されないのに、この国では16兆円もの使途不明金が出ているのに騒がれず、政府与党が選挙で圧勝するのは、まったくおかしな話です。政府が好きに使うのを許すにしても、払った税金の元を取る。払った介護保険料の元を取るくらいの発想はしてもよいのではないでしょうか。

「生活保護＝みじめな生活」ではない

生活保護に関するネガティブなイメージはたくさん聞かれますが、「健康で文化的な最低限度の生活」を保障する目的である生活保護は、そんなにみじめな暮らしにはなり得ません。

家賃補助と合わせて単身者で約10～13万円、夫婦で約15～18万円というのは、誰かを養えるような金額ではありませんが、毎日2000円くらいはご飯代に使うことができる金額です。昨今はファストファッションの隆盛で、大人が安い服を着てもおかしいと思う人はいません。

お金がかからない暮らしをするための方法だけは豊富にあるのが、この日本という国の現状です。そのメリットを思い切り享受できると考えてください。

生活保護を受けている状態で、要介護状態になったとしても、いわゆる〝特養〟に入ることもできます。

どうでしょうか？「生活保護＝みじめな生活」との印象は少し薄れていくのではないでしょうか。

大切なのは「セーフティネット」の存在を知ること

さて、これまで生活保護のメリットをいろいろな点からお伝えしてきましたが、何が何でも生活保護を受けろとお伝えしているわけではありません。

ただ、万が一に備えて、こういった「セーフティネット」がしっかりと存在していることをきちんと知っておいていただきたいのです。

日本の福祉というのは、セーフティネットがしっかりと設定されています。様々な困った状態の人に対する保障や支援の制度がたくさんありますが、そのほとんどは自動的に付与されるものではなく、「知っている人が、手続きをすることによって」受けられる制度がほとんどなのです。

だからこそ、情報を知っている人だけが、金銭的に貧しくても豊かな老後を送ることができるといっても過言ではありません。

「国民全員にこの制度を利用されたら税金が足りなくなる」という国側の理由で、あえて複雑な手続きにしている側面もあるでしょう。こうした態度を国が取っているからこそ、消費が落ち込み景気が悪くなる、と私は考えています。

様々な保障制度があるこの国では、貯金がなかったとしても、要介護になったとしても、人生の最期まで路頭に迷うことはありません。どうぞ安心して、自分の好きなことに、有意義にお金を使うことを考えてみませんか？　それによって少しは景気がよくなるはずなのですから。

遺産相続の高齢化が生むトラブル

現在、個人金融資産の6割を高齢者が持っているといわれています。この一因として、相続年齢の高齢化があると私は考えています。

自分の財産は、まず配偶者に半分の権利があるわけですから、その配偶者も亡くなるまで子どもにはすべての財産が渡りません。平均寿命からいって、配偶者も亡くなる頃には、子どもも60代を迎えているため、相続を受けても親からの財産を使うことなく、次の代へ残そうとすることが多くなっています。

ただ、私自身は、自分自身のためにも、そして子ども自身のためにも、後の世代に資産を残す必要はないと考えています。

子どもがひとりならばいいですが、複数人いる場合は、遺産相続は大きなトラブルの種になるからです。60代ともなれば、すでに退職していることが多く、誰もが老後の不安から少しでも財産が多くほしいという気持ちになり、意見がかみ合わないことも多いからです。

さらに、兄弟それぞれに配偶者がいる場合、余計に厄介なことになります。それぞれの配偶者が、「ここで妥協をしてはいけない」と自分たちの配偶者を焚き付けます。その結果、本来であれば兄弟間の話し合いで収まったはずの話が大きくこじれていく様を、私はうなるほど見てきました。

子どもにお金を残すよりも投資

とはいえ、かわいい子どもや孫に、今ある資産をなんとかして残してあげたいと考える人も少なくないでしょう。その場合は、ぜひ子どもや孫に「投資」してはいかがでしょうか。

言葉を選ばずにいうと、日本は、お金持ちであればあるほどに、子どもが「バカ息子」「バカ娘」になりやすいシステムが残っています。

お金がある家ほど、子どもをエスカレーター式の大学の付属校に幼少期から入学させ、大学まで受験を知らずに育てるケースが非常に多いのです。結果、ろくに勉強もできず、受験戦争も知らず、競争の経験もないまま大学を卒業し、社会に出ることになります。たくさんお金を払うことができれば、それほどハードな勉強をしなくても、競争の経験をしなくても、ある程度のステイタスを持った大学に進学することが可能なのです。

ハーバードやオックスフォード、ケンブリッジに付属高校はないように、世界中の先進国にはこうした現象はありません。お金をかけて、バカで世間知らずの子どもを育てるのではなく、しっかりと子どもに投資をして、その子が立派な社会人になれるようにするのが親の務めではないかと考えます。

たとえば、子どもに相続させるより子どもの事業を支援して、相続させるお金をその事業に投じてみましょう。もし子どもが事業に失敗して1円もなくなったとしても、ただ漫然とお金を相続させるよりは、社会を生き抜く力が身に付くでしょうし、全体で見れば遺産としてお金を動かさずにいるより、社会は発展します。

また、海外の大学に進学させる留学費用にお金をつぎ込むのもいいでしょう。

先にもお伝えしたように、この国には様々な社会保障制度があります。子どもが一文無しになったとしても、贅沢な暮らしは無理でも、絶望するような人生を送ることにはならないはずです。

介護士さんを雇うほうが合理的

財産を持つ高齢者の子どもが「お母さんが心配で」と出戻ったら、いつの間にか帰ってきた子どもによって資産の名義が書き換えられていた……などという気分のよくない話を聞く機会はたくさんあります。

最初は善意で戻ってきたとしても、「残される財産」がある限り、どうしてもそうした事件は起こってしまうのです。若いうちに財産を譲り渡すのであればともかく、超高齢社会においては、正直、「子どもに財産を残す」という発想自体が向かないのではと思っています。

複数人子どもがいる場合は、「自分を介護してくれた子どもに財産を残す」と言う方もいらっしゃいます。しかし、本来は残されるお金があるから介護をするのではなく、愛があるから介護をするのです。

さらにいうと、介護をしてくれた子どもと、まったく面倒を見てくれなかった子どものふたりがいたとしても、残念ながら法的には相続は平等になります。いくら遺言を残したとしても、遺留分は確実にありますし、遺言無効の申し立てをされて、兄弟間で裁判が起こることも多いのです。

認知症気味だった父親を一生懸命介護していた子どもに、父親が財産をすべて残すといっても、「父はそのときに判断能力がなかったのだ」と言われて、介護を一つもしなかった兄弟に裁判を起こされる。これが現実です。

介護を念頭に置いて財産を蓄えるならば、自分の世話をしてくれる住み込みの家政婦さんを雇うほうがずっと合理的です。フルタイムで月60万円くらいの費用がかかったとしても、20年でも1億4000万円です。年金と持ち家を使えば無理な額とはいえません。

そのあたりの金銭感覚には個人差があると思いますが、残せるような財産と呼べるものがあるのであれば、まず自分のために使ってからでもよいのではないでしょうか。

高齢な親の財産は「子どもの財産」になる

高齢になって金を残して認知症になってしまった場合、子どもは確実に「親の財産ではなく、私たち子どもの財産である」と思うようになるでしょう。

ですから、自分自身の取り分が増えるようにと、親にかかる介護や医療費を節約しようとすることもあります。

たとえば、老人ホームは原則10年償還のため、最初に巨額の入居費などを支払ったとしても、10年たてば財産としては何も残りません。ですから、たとえば「家を売って3億円の老人ホームに入る」と親が考えている場合、「家の分の財産が減ってしまう」という考えを持つ子どもは反対します。

そこで親に「もっと安いホームでいいんじゃないか」「いざというときのために財産は残したほうがいいんじゃないか」などと、使う機会のない状態の老いた親に問いかけます。

そして、子どもの言葉通りにはるかにランクの低いホームに入ったり、場合によっては節約のためにと子どもとの同居を強いられたりして、子どもに遠慮しながら暮らし、死んでいくこともあります。

財産というかたちで子どもに何かを残そうとするから、トラブルが生まれてしまうのです。あなたが持つお金は、あなたがあなたのために使うべきものなのですから、そういう悲しい姿を見るよりはよほど自分に使ったほうがましです。

お金はどんどん使ったほうが幸せになれる

認知症やうつ病を防ぎ、毎日を楽しく過ごすためにはどうしたらいいのか。その一つは、自分の楽しみのためにお金を使うことだと思います。

極論と思われるかもしれませんが、日本という資本主義社会に生きている以上、お金は使えば使うほどに幸福感が高まります。また、お金を使っている人ほど、周囲から大切にされるのも事実です。高齢になればなるほどに、その兆候は顕著に現れます。

お金をもっていれば幸せと思うかもしれませんが、ケチであることがバレたとたんに離れていく人はいっぱいいます。子どもたちだって待っていれば相続財産が転がり込んでくるので、今お金を使ってくれないのなら、寄りつかないということはざらにあります。

逆にお金を使って周囲の人から大切にされれば、それだけ自己肯定感も上がりますし、ストレスも減るので認知症やうつ病の予防にもなるでしょう。

また、知らない土地へ旅行に行ったり、新しいお店に行っておいしいものを食べたりするという刺激を受けると、前頭葉も活性化されます。

健康やアンチエイジングにお金を使い、いろいろな場に遊びに行けば、幸福感も高まります。

さらに、孫や子どもとの思い出作りや教育費のためにお金を使えば、それだけ家族たちからは大切にされるでしょう。

高齢になってもなお、「将来が不安だから」とお金を使わずに済ませようとする人は多いのですが、年金をもらえる年齢であれば、病気になって入院することになっても、国の保険制度を使えば支出はほとんどかかりません。

むしろ、体が動いて頭もしっかりしているうちに、せっかくのお金を使っておかないと、楽しめない上、心身の老化が進んでしまいます。

高齢者が家族に財産を残そうとしてお金を使わないがゆえに、多くの金融機関で預貯金が貯め込まれていることは、私自身も大きな問題だと考えています。お金が使われない状態が続くと、日本経済が停滞し、それこそ次世代への負の遺産になってしまいます。

子どもや孫のことを考えるのであれば、財産を残すことよりも、彼らがよりよく生きられる社会を作るために、どんどんお金を使って経済循環をよくすることが必須です。現在でも消費税を上げることで税源不足を補おうという議論が進んでいますが、私自身は、いっそのこと相続税を税率100％にして、高齢者が残した財産はすべて税金にしてもらうほうがいいと思っています。そうすれば、若者の税負担も減るし、何より税金でもっていかれるくらいならと高齢者がお金を使うようになり、景気もよくなるはずですから。

消費で生活はより豊かになる

資本主義社会では、お金を使ったほうが人は幸せになれることはすでにご紹介しました。お店などでも、「お客」と思われている限りは、世代に関係なく大切に扱われることは間違いありません。

店頭での扱いが変わるだけではなく、「この世代は物を買う」と思われるほど、その世代に向けた商品開発も進みます。「年を取ったら物欲がなくなる」という方もいますが、資本主義社会にいて消費に参加しないのは、発言力がなくなるのと同じこと。テレビ番組などにしても、シニア世代の消費が活発になればなるほど、その年代に向けての番組が作られるようになります。現代のシニアは宵っ張りですし、若い世代に比べてネットよりもテレビを通じて物を買う機会も多いものです。

物やサービスを買い続けることで、社会に対する存在感をアピールしていきましょう。

第8章

60代からこそ、人生を最高に楽しめる！

「ピンピンコロリ」への疑いのまなざし

昨今、「ピンピンコロリ」という言葉が、メディアなどでよく登場します。これは、死ぬ直前までピンピンと健康的で、死ぬときは病気などにわずらわされずにコロリと亡くなるというもの。高齢者にとって理想的な死に方だといわれていますが、果たして本当にそうなのでしょうか。

ピンピンコロリとは、要は「突然死」のことです。いきなり誰にも予兆なく死んでしまうので、周囲の人にお別れもいえず、自分が書きためてきた日記や、こっそりと保存していたパソコンのファイルなども整理することができずに、亡くなってしまうということ。たしかに本人は痛みなどを感じず幸せに死ねるかもしれませんが、周囲にしてみれば心の準備がないので、最もショックを与える死に方でもあります。

一方、ガンのような病気の場合は、余命がわかっているからこそ、自分の身辺を整理する時間もあるし、周囲の人が死を受け入れるための時間もあるので、ある意味理想的な死に方ともいえます。

また、繰り返しになりますが、ガンは治療さえしなければ、死ぬ1～2か月前まではほとんど症状が出ません。いってみれば、苦痛を感じる期間が短いのです。

自分の死に方は簡単に決められるものではありませんが、自分はどんな死に方をしたいのかはある程度考えておいてもいいでしょう。

たとえば、私の場合は、大勢の人に看取られて同情されながら死ぬのはわずらわしいので、最期は静かな病室で、ひとりで死にたいと思っています。日本では「大勢に看取られて死ぬのが幸せ」との考えがありますが、これは日本人独特のものだと感じます。欧米では家族で看取るという感覚が希薄なので、最期を看取ることをあまり重視しません。

死期が見えている末期ガンの患者などの場合は、友人がひとりずつ見舞いにきてゆっくりと話をするのが欧米のスタイルだそうですが、大勢に最期を看取られるよりは、私もこちらのスタイルのほうが望ましいなと思います。

なんて素敵な「寝たきりライフ」

先述しましたが、老後の話をすると「寝たきりになったら人生が終わってしまうのではないかと不安になる」と語られる人が非常に多いです。「尊厳死を重んじるから、寝たきりになったら殺してくれ」という人も少なくありません。

ただ、会話ができる間は、寝たきりでも十分人生を謳歌できると私は考えています。

2018年に亡くなった女優の樹木希林さんも、最後の3か月ほどは寝たきり生活になっていたそうです。周囲の人たちが樹木希林さんの話を聞こうと集まってきて、ずっとお話をされていたそうです。その話を聞いたとき、私は「なんて素敵な寝たきりライフだろう」とうらやましく思いました。

昨今は、「リビングウィル」や「尊厳死」という言葉が生まれて、生前の意志を伝えることはありますが、いまだに尊厳死の定義はあいまいです。「寝たきりになったら殺してくれ」というのは、少し暴論ではないかと思います。

寝たきりになった際、意識がなくなった場合は、そこから回復する可能性は低いです。その状態になると周囲の人と会話ができないので、言葉は悪いのですが、死んだまま寝ているようなもの。そんな状態ではかわいそうだから延命をしないという人が多いですが、本人は苦しくもなんともありません。周囲が醜い姿を見たくないから延命をしないというだけの話です。だったら自分の意志がある間に多少寿命が短くなっても好きなことをしたほうがよいのではないでしょうか。

「どこで死ぬか」は決めておこう

「終《つい》の棲家」という言葉があります。「老後は田舎でゆっくりしたい」「海の見える土地で暮らしたい」など、終の棲家に関する夢を抱く中高年の方は多いものです。

今、自身がどこに住んでいるかにもよりますが、田舎暮らしをなんとなくのイメージで考えているとしたら、のんびりしているだけでは済まない、というのが正直なところです。

まず、田舎暮らしの場合は、車に乗れることが大前提としてあり、高齢になって免許返納を考えるような年齢であれば、そこが一つ懸念点になります。

土地代は安く、広い家に住むことはできますが、都会と違って歩いてコンビニに行けるようなことはなく、どこへ行くにも車やバスといった公共交通機関を利用する必要があります。また、田舎は同じような移住者が多い半面、観光的な土地を除き近所付き合いもしなければならず、古い体質のところには馴染みづらいといったリスクも考えられます。

夢を抱くのは自由ですし、田舎でのスローライフは素晴らしい面もたくさんありますが、きちんと現実的に「終の棲家」とできるかを調べて、考えてから移住を決めてください。

終の棲家は60代までに決めておこう

終の棲家を決めて引っ越しをするなら、できるだけ60代までには行うほうがよいでしょう。体力もさることながら、70代、80代は脳の機能の低下も含め、新しい環境に慣れるのが難しくなるからです。

同じような話として、親を子どもが引き取る際に、環境への不適合を起こすことはよくいわれることです。もともと軽度な認知症だった人は、症状が重くなることもあります。現在の環境を変えるということは、高齢になるほど大変になるケースが多いです。

もし、子どもが一緒に住むことを提案してきたのであれば、自分自身が住んでいる家に一緒に住んでもらうほうがよいでしょう。

終の棲家を決めることは、いわゆる「終活」の一環として語られることが多いのですが、今いわれている終活の多くは、自分のためではなく、残された家族のために行う側面が強い気がしています。

しかし、歳を取ることで迷惑をかけることは、誰しも当たり前のことです。終活としてとらえるのではなく、残りの人生をどこで楽しく暮らしていけるかを楽しく考えて、実現してください。

詐欺にだまされないために

高齢者は詐欺の被害に遭いやすいとされています。

たとえば、初期認知症や、80歳を越えて記憶力が落ちてきた人がいるとしましょう。子どもや孫に「この辺りでリフォーム詐欺が発生しているらしいから気をつけて」と言われます。そのときには「自分が引っかかるわけがない」などと答えるわけですが、言われたこと自体を忘れてしまうわけです。実際にリフォーム詐欺が来たときに、「リフォーム詐欺が多い」と言われたことを忘れて、まんまと詐欺の被害に遭ってしまうケースがよくあります。

ここで重要なポイントは、軽度認知症とか脳が老化している場合、記憶力は落ちても、理解力は落ちていないという点です。詐欺グループはいかにも信じやすいことをいうのが手口なので、理路整然とこのままにしていると家がつぶれると言われたら、そこを理解できてしまい、お金を出してしまうわけです。

本当に重度の認知症になっていたら、そもそも詐欺業者の言うことを理解できないでしょう。そうでない場合は、特に高齢になるほど、不安感情に振り回されやすくなるため、行動を起こしてしまう、つまりカモになってしまうのです。

不安感情に振り回されやすい人であれば、息子さんや娘さんと詐欺のシミュレーションをやってみるというのはいかがでしょうか。

自分の子どもにそっくりな（この場合は本人が電話をかけるのですが）声で困っていて、お金がいついつまでに必要だという。ときには警察役など他の人も電話に出して、お金を振り込まなければいけなさそうな状況を伝える。そのときに、きちんとその子どもに連絡をとって事実の確認をとることができるかは、一度チャレンジしてみてもいいかもしれません。

今の時代こそ、嫌われることを恐れてはいけない

昔と今の時代で大きく違うのは、介護保険ができたことです。昔は、村八分にされるような嫌われ者でいると、周囲の人のサポートが受けられず、路頭に迷うことがあ

りました。村八分になったおじいさんが、いざ介護が必要になったとき、周囲の人が誰も助けてくれずに困った事態になることも多々ありました。

だからこそ、ご近所付き合いが大切になっていたわけです。

しかし、今は要介護認定されれば、介護支援を受けることができます。つまり周囲のサポートがなくてもなんとかなるので、「嫌われてもいい」と開き直ることができる時代です。

時代が変わったのに、「昔と同じようにご近所の様子をうかがわなくてはいけない」「周囲の人と仲良くしなくてはいけない」という考えだけが残ってしまい、自分を殺して、周囲に合わせようとする人が高齢になればなるほど多いようにも思います。それでは一生、遠慮の人生になってしまいます。

でも、これまでご自身を押し殺して生きてきた人ほど、「どうやって自分らしく生きられるのか」と思うかもしれません。

自分を出す最大の方法は、思ったことを言葉にしてみることです。「これは言っちゃまずいんじゃないか」と思っていることを、言葉にしてみましょう。すると思ったよりも周囲からの反応がよいこともあります。たとえば「高齢者に免許返納させるのは差別だ」「タバコを吸っている人を迫害するのは差別だ」などと言ってみましょう。

養老孟司さんの『バカの壁』（新潮新書）でも書かれていますが、こちらが言った言葉を相手がその通りに理解してくれる保証はほとんどありません。本音を言ってみると、それに反対する人も間違いなくいるでしょう。

ただ、逆に、こちらが言った言葉に対して、相手が思った以上に好意的な反応を示してくれることもあります。

10人に言って5人賛同してくれる人がいるならば、言いたいことが言える相手が5人もいると考えられます。それだけの人が賛同してくれるのであれば、老後はきっと退屈しないでしょう。

周囲に合わせなくても、人は生きていける

数年ほど前に『嫌われる勇気』（ダイヤモンド社）という本が流行しました。その

本はアドラーという精神科医の理論に基づいたものです。アドラーという人は、「みんなが仲間であり、他人のために役立つような人でありたい」と思う共同体感覚を大切にしてきました。

こうした共同体感覚を持っていると、他人と違う意見を言っても仲間外れにならないと思えます。この感覚を大切にしているのがアドラーの意見です。

一方、日本の共同体は、「周りに合わせないと共同体にはいられない」と思っている人が非常に多いのです。しかし、自分を押し殺してまで、その共同体にしがみつくことが本当に大切でしょうか。

『嫌われる勇気』があれほど売れたのは、実は「自分の意見を言ったら排除されてしまうのではないか」と思う人が非常に多かったからだと私は思います。ただ、自分の意見を言わず、周囲の人の意見に合わせている限りは、相手が敵か味方かは永遠にわかりません。

今のコミュニティで仲間外れになったとしても、SNS上の味方ができるかもしれません。小さい世界に固執せず、嫌われる勇気を今こそ発揮すべきかもしれません。

60代になったら、どんどん自己主張しよう

今の世の中は、周囲の人との協調性がある人ほどノーマルだと思われている傾向があります。一方、周囲に合わせられない人はボケ老人扱いされることもあります。また、医師の言うことを聞かなかったり、薬を飲まなかったりするお年寄りは、子ども世代の人たちからすると「困ったお年寄り」だとみなされがちです。

でも、本人からすると「その薬を飲むと気分が悪くなるから飲まない」「医師の言う通りにすると体調が悪くなるからやらない」などなにかしらの理由があるものです。

そうした事情を鑑みずに、周囲の同調圧力に屈しない人を排除しようとする。それは魔女狩りと同じです。

自分の好きなように〝年甲斐のない〟老後を楽しんでいる人に、あえて水を差してくる存在もいます。本来は、老人が若い服を着ても、美容整形を受けても、別に問題ないはずです。しかし、「自分の考える価値観と違う物差しの人には我慢ならない」という人は、一定数いるものです。

自分が我慢をしているのに、どうしてお前は我慢していないんだ……という同調圧力を感じたことがある人は意外と多いのではないでしょうか。

こうした同調圧力に一喜一憂するのは、精神衛生上、よくありません。その対策法としては、「案ずるより産むが易し」。つまり、そんなことは気にしないで自分のしたいようにやってしまえば、おのずと跳ね返すことができます。好きなことをして仲間はずれにされるような友人やコミュニティであれば、抜けていいのです。高齢になればなるほど、余計な人間関係は削ぎ落とされて、純化されていきます。つまり、同調圧力を無視しても問題はないのです。

自分が好きなことをやっているのに文句を言ってくるような他人と付き合っていてもつらいだけ。変なやつ扱いをされるなら変でいい。変な老人同士で絆を深めていけばいいのです。自分が自分らしくしていることを肯定してくれるような場所に身を置くことを第一に考えて、心置きなく好きなことをしましょう。

楽しめる体力や脳があるうちに楽しむだけ楽しむ

「人生で、今この瞬間が一番若い」という言葉を聞いたことはあるでしょうか。その言葉は真実です。明日には今より年寄りになるのですから。終活でこの先を考えるくらいであれば、最も若いこの瞬間を楽しむ活動をしたほうがいい、と心からそう思います。

いくら超高齢社会になったからといっても、90代になって旅行へ行くのは難しいでしょう。物事を楽しめる体力や脳の機能が生きているうちに、様々なことを思いっきり楽しむ、これは終活よりも大切なことです。

現代においては70代くらいまでは、いろいろなことを若いときとあまり変わらない感覚で楽しむことができる年ごろです。「年甲斐もなく」という言葉さえ忘れてしまえば、世間体を気にせずあらゆることをずっと楽しんでいていいのです。60代以降の人がアイドル好きでも、クラブに行っても、まだ性欲があっても、人の目を気にしなければ問題はありません。年甲斐もないことは、むしろ脳の老化予防にも役立つことが多いのです。

「この歳にもなって……」という言葉は、今この瞬間に忘れてください。人生で最も若いこの瞬間を、年甲斐など忘れて思いっきり楽しむことが何よりの老いへの準備です。

人生は壮大な実験だと思うべし

一般的に、失敗するのは悪いことだと思われがちです。でも、失敗から学べることは多々あります。世の中を作り上げてきた数多《あまた》の偉人たちは、数多くの失敗から成功の種をつかんできました。

だからこそ、年齢を重ねるほどに、人生は「ありとあらゆることが実験だ」と思うべきです。

付き合う人を選ぶにせよ、ラーメン屋を選ぶにせよ、読む本を選ぶにせよ、すべてが実験です。選んだラーメン屋がうまければ成功ですし、本がおもしろければ成功でしょう。逆にダメだったときは「これは実験が失敗したのだ」と思えばいい。すると、残りの人生でどれだけ実験ができるでしょうか。

失敗を恐れていたら、いつまでもより良い成果は生まれません。ぜひ果敢に実験を繰り返し、数多の失敗の中から、自分なりの成功をつかみとってください。

とにかく「やってみたかったこと」をやろう

60代以降が日々を楽しく暮らす上で最優先するべきは、「やってみたかったことをやること」です。

ただ、やってみたいことをやっていいといわれると、意外とやることが思いつかないのが日本人の特徴の一つでもあるといえます。型にはまることを美徳とされてきたがゆえに、急に自由になったときにどうすればいいかがわからなくなってしまうのです。

これは、特に男性の高齢者に多く見られるのですが、今まで通っていた会社を退職し、肩書や会社の看板を背負わなくなった瞬間、急に「何者でもなくなってしまう」という感覚を覚える人は少なくありません。社会的地位が中心の生活だったのが、急にそこから解放されることで、何をしたらいいかがわからなくなってしまうのです。その今まではまっていた〝型〟も、一種の同調圧力であったということができるでしょう。

そこから解放されるためには、何をしたらいいのでしょうか。たとえば、退職金があるのであれば、すべてをつぎ込んで自分がずっと憧れていた車を買ってしまうとか、思いきってぼんやり描いていた心の中のものをかたちにしてしまうことが一つ考えられます。

前の章でも繰り返しお伝えしてきた通り、お金は残してもしょうがないものです。子どもに相続させるくらいなら、ポルシェでもフェラーリでも買ってしまうほうがよっぽど有意義な使い方ではないでしょうか。

また、政治活動を始めるでも、バンドを組むでも、ツーリングのグループに所属するでもかまいません。あなたの気持ちが若かったころに戻れるようなものにチャレンジしてください。

流行を追うことも悪くないでしょう。80代でツイッターを始めたおばあちゃんが人気だったり、ボディビルを始めた人がいたり……。

始めるものは、新しいものでも、自分が昔憧れていたものでも、なんでもいい。60代以降こそ、「本当にやりたいこと」を心置きなく楽しめる、最高の機会なのですから、ぜひ、ここぞとばかりに活用してください。

幸せな高齢者でい続けるために大切なこと

60代はもちろん、70代、80代以降もずっと健康でい続けるために、本書では何度も繰り返しお伝えしてきましたが、何よりも大切なのは「体も脳も使い続けること」です。

たとえば、コロナ禍に外出自粛が徹底されたことで、人々に起きた変化を見てもそれはよくわかります。若い人たちであれば、数週間、家の中でじっとしていたとしても、また自由に外出する生活をしようと思えば、すぐに前と同じような生活を送ることができます。

でも、高齢者の場合は、10日間も家の中にいる生活を送ったならば、一気に筋力が衰え、運動機能が衰えてしまいます。同じように人と会話したりする機会も減るので、脳の機能も落ちます。

日頃から散歩などの習慣を持っていた人たちが、コロナ禍を経て外出を自粛した結果、急にボケたようになったり、前と同じように動けなくなってしまうのは、そのいい証拠です。

60代のうちから積極的に体を動かす習慣をもたないでいると、70代、80代になったときに何かのきっかけで病気やケガをした際に、あっという間に要介護になってしまう可能性もあります。

いかに頭では「体を動かし続けよう」「頭を使わなくちゃ」と思っていたとしても、70代以降になると、前頭葉の萎縮やセロトニン不足による意欲の低下が進み、何事にもやる気が持ちにくくなります。また、新しい人に会ったり、何か新たなことに挑戦したりする意欲も低下します。食欲も落ちていくので、次第に体もしぼんでしまいます。年齢を経れば経るほどに、痩せていくときは脂肪からではなく筋肉から落ちていくケースが多いので、ますます外に出るとすぐに疲れてしまい、出不精になっていきます。

とにかくお伝えしたいのが、「今、自分ができると思っていることが、10年後、20年後には思った以上のスピードでできなくなっていく可能性が高い」ということです。健康でい続けたいと思うのであれば、脳も体も休みなく使い続けることが大切だと、ぜひ心してほしいと思います。

「できないこと」ではなく「できること」に注目しよう

60〜70代くらいまでは、お互いの社会的な地位や見た目などにとらわれがちかもしれません。ただ、他人と比べている限りは、いつまでも生きづらさや苦しさから逃れることができません。

60代頃からぜひ実践してほしいのが、「自分にないもの」を探すのではなくて、「自分ができること」を探すことです。

できないことに対してイライラするのではなく、できることに着目したほうが、精神的なストレスもずっと減ります。ただし、「他人よりも優れている人がえらい」という価値観は、もう60代になったら捨てる準備をしてください。できることはオンリーワンでよいのです。

逆説的ないい方かもしれませんが、この「他人と比べる価値観」をいち早く捨て、とらわれなくなった人こそが、本当の勝ち組だと私は思います。

もちろん、日々「自分のできること」ができなくなっていくと、不安を抱く人も少なくないでしょう。しかし、「できること」はできるだけ維持し続ける一方で、「できないこと」を無理に「しよう」とする必要はないのです。「できないのが当たり前だ」という感覚をぜひ忘れないでほしいです。

若いうちは「できないこと」を無理してやろうとして、頑張って成し遂げることも多かったでしょう。ところが、70代、80代になったならば、「できないこと」についてはきっぱりと諦めて、「できること」に注目していきましょう。そして、「できること」はできる限り自分でやり続け、維持できるようにしましょう。

それは、「家事をひとりでできる」「散歩に行ってもひとりで帰ってこられる」「友達と会話を滞りなくできる」など、一見、些細に見えることでかまいません。

どんな人でも歳を取れば、当然「できないこと」は増えていきます。ですので、「できないのは当たり前」と割り切る姿勢が大切なのです。

そして、自分にできることを全力で楽しむ姿勢を持ち続けること。それが60代以降の人生を幸せに生きるための秘訣だと、私は思います。

和田秀樹（わだ ひでき）
1960年、大阪府生まれ。東京大学医学部卒業。精神科医。東京大学医学部附属病院精神神経科助手、米国カール・メニンガー精神医学校国際フェローを経て、現在、和田秀樹こころと体のクリニック院長。高齢者専門の精神科医として、30年以上にわたって高齢者医療の現場に携わっている。ベストセラー『80歳の壁』（幻冬舎）、『70歳が老化の分かれ道』(詩想社新書)など著書多数。

デザイン／鳴田小夜子（KOGUMA OFFICE）
構成／藤村はるな

扶桑社新書 443

60歳からはやりたい放題

発行日 2022年 9月 1日　初版第1刷発行
　　　 2024年 7月10日　　第13刷発行

著　　者……和田秀樹
発 行 者……秋尾弘史
発 行 所……株式会社 扶桑社
〒105-8070
東京都港区海岸1-2-20 汐留ビルディング
電話 03-5843-8842（編集）
　　 03-5843-8143（メールセンター）
www.fusosha.co.jp

印刷・製本……株式会社 広済堂ネクスト

Printed in Japan　ISBN 978-4-594-09232-0